정원사 엄마와 입양아 그레이스 이야기　너의
심장
소리

세움북스는 기독교 가치관으로 교회와 성도를 건강하게 세우는 바른 책을 만들어 갑니다.

너의 심장 소리

정원사 엄마와 입양아 그레이스 이야기

초판 1쇄 발행 2022년 9월 30일
초판 2쇄 발행 2023년 3월 15일

지은이 | 김마리아
펴낸이 | 강인구

펴낸곳 | 세움북스
등   록 | 제2014-000144호
주   소 | 서울시 종로구 대학로 19 한국기독교회관 1010호
전   화 | 02-3144-3500
팩   스 | 02-6008-5712
이메일 | cdgn@daum.net

교   정 | 류성민
디자인 | 참디자인

ISBN 979-11-91715-53-8 (03230)

입양아 그레이스 이야기
정원사 엄마와

너의 심장 소리

김마리아 지음

세움북스

입양은 하나님의 은혜와 긍휼에 한계가 없음을 보여 주는 존귀한 도구다. 저자가 보여 주는 삶을 한 단어 표현한다면 '고상함'이라고 할 수 있다. 그래서 하나님의 뜻을 좇아 사는 삶의 고상함이 한 단락, 한 문장을 읽을 때마다 꽃향기처럼 온몸에 스며드는 경험을 한다. 시대 가운데 가장 약한 자들의 고통과 죽음을 통해 우리는 악에 지는 것 같다가도, 저자와 같은 이들의 존귀한 삶이 소망의 꽃을 다시 피워 낼 때 하나님의 숨결을 느끼곤 한다. 부디 이 책을 통해 이 땅의 교회가 입양이라는 고상한 삶의 양태를 자연스럽고 적극적으로 받아 낼 수 있는 귀한 계기가 되기를 바란다.

김관성 목사
낮은담침례교회 담임.
『본질이 이긴다』 저자

꽃향기 가득한 이 책을 눈이 아니라 코로 읽었다. 제주의 곶자왈처럼 이름 없는 들풀이 자유롭게 피어난 정원을 거닐듯 진한 향기의 여운에 취해서 책장을 넘겼다. 보물 지도를 펼쳐 들고 보석을 발견할 때마다 기쁨이 넘치듯, 원고를 넘길 때마다 내 마음에는 어느덧 보물로 가득해졌다. 그레이스가 걸어온 이야기들을 알게 되면서 이 땅의 그레이스들을 아끼고 사랑하는 마음도 함께 깊어졌다. 기적은 한순간에 반짝하고 등장하는 것이 아니라 수목원을 걷는 4년 동안 다져지는 것임을, 해외로 나가는 길이 좌절된 것은 더 놀라운 계획의 시작이었음을, 농사의 시작이 퇴비를 만드는 일에서 비롯됨을 일깨워 주는 멋진 이야기들은 계속 고개를 끄덕이며 귀를 기울이게 만든다. 감사를 못난이 사과와 할아버지의 감귤에 담아 보내는 그 마음, 채소 가게 삼촌에게 미니카를 두고 올 정도 훌쩍 커버린 그레이스의 마음을 발견하면서 제주 바다의 노을처럼 내 마음도 감동으로 물들어 간다. 심장과 손목과 귀에 예수의 흔적을 가진 최고의 아이를 인내와 사랑으로 빚어 가는 엄마, 아빠의 기도 또한 비정하고 냉혹한 세상에 온기를 전한다.

이 책은 부모의 은혜가 아니라 자식의 은혜를 깨닫게 해준다. 이 이야기가 새로운 인연 앞에서 머뭇거리고 있는 많은 이들에게 용기를 주길, 그리고 기적과 사랑을 더 이상 믿지 않는 이들의 차가운 마음을 녹이길 기도한다. 기적의 참여자로 김마리아 성도와 그 남편을 선택하신 하나님께서 이 모든 일을 가능케 하셨음에 감사 드린다.

누구든지 하나님을 사랑하노라 하고 그 형제를 미워하면 이는 거짓말하는 자니 보는 바 그 형제를 사랑하지 아니하는 자는 보지 못하는 바 하나님을 사랑할 수 없느니라 _요일 4:20

류정길 목사
제주성안교회 담임

"사람이 꽃보다 아름답다"라는 말이 흔한 문학적 수사라고만 생각했던 스스로를 반성한다. '꽃도 아름답지만 사람도 꽃보다 향기로울 수 있구나' 마지막 페이지를 덮으며 되뇌었다. 가슴으로 낳은 아이, 영적 자궁 같은 낯간지러운 말은, 선행을 포장하기에 딱 좋은 메타포 정도로 여겼음을 또한 뉘우친다. 가족이 된다는 것. 서로의 이름을 불러 주어 꽃이 되는 눈부신 순간을 목격하고 보니, 무겁게 등을 떠미는 어떤 힘을 느낀다. 한 생명의 부모가 된다는 건 세상 가장 큰 행복과 불행을 동시에 떠안을 가능성에 자신을 바치는 가장 숭고하고 가장 어리석은 일이다. 내 아이들을 낳고 기르는 동안 형언할 수 없는 천국을 맛보았고, 한편 이 아이들이 잘못될까 두려움에 떨며 지옥을 엿보았다. 스스로 선택한 숭고한 어리석음을 탓하며 나의 정원은 늘 봄이었고 동시에 겨울이었다. 그러나 저자의 정원은 그 어떤 것에도 길항하지 않고 천천히 봄·여름·가을·겨울을 흘러간다. 아이 이야기와 꽃 이야기는 앞서거니 뒤서거니 내내 흐뭇한 밸런스를 유지한 채, 무심하다. 심지어 그레이스가 아프다는 사실도 왕왕 잊어버릴 정도로…. 때때로 아이가 꽃처럼 보이고 꽃이 아이처럼 보인다. 아이를 키우는 일과 꽃을 피우는 일은 같고도 다르기에, 하늘과 땅과 물과 공기와 사람과 사물 모든 것에 빚지는 일이기에, 저자는 아이를 돌보듯 정원을 돌보며, 겸손하면서도 굳건하다. 부디 우리도 영원의 정원에 아주심기 되기를…. 저 장미꽃 위에 이슬로 맺히고, 샤론의 꽃으로 피어나기를….

> 십자가 그 사랑으로 우린 이미 거룩한 한 몸
> 세상에서 가장 큰 기적은 타인이 가족이 된다는 것
> 막힌 담 모두 허물고 찢어진 것 하나로 묶어
> 기적의 시작 가족의 탄생 서로 다른 당신과 나

우리는 한 몸 한 가족 여기 마주 선 지금 이 순간

예수님의 피로 하나 된 영원한 우리

당신은 나의 가족.

언젠가 입양 가족들을 위해 만든 노래의 가사로 저자께는 존경을, 독자께는 추천을 대신한다.

민호기 목사
찬미워십 대표. 대신대학교 교수.
〈하늘소망〉, 〈십자가의 전달자〉, 〈원하고 바라고 기도합니다〉 작사 · 작곡자

『너의 심장 소리』의 저자는 입양과 양육이라는 그 어려운 여정을 자신이 좋아하는 정원을 가꾸는 이야기로 풀어낸다. 이 책을 읽고 있노라면 한 폭의 수채화 속으로 빨려 들어가는 듯한 묘한 느낌을 체험하게 된다. 그것은 저자의 맛깔나는 글솜씨 때문만은 아니다. 그녀의 삶에 진득이 스며 있는 사랑을 발견하기 때문이다. 태어나면서부터 가진 약함(심장병)과 정신적 상처로 인해 더 많은 사랑과 돌봄이 필요한 그레이스를 입양하고 양육하는 과정이 단순한 호기로 가능한 일이겠는가! 입양과 양육이 그리 특별한 것도 아니지만, 그렇다고 아주 일반적이지도 않다. 더구나 아픈 아기를 입양하는 것이 얼마나 특별한지, 직접 경험해 보지 못한 세계라 알 길이 없다. 대단한 사랑과 헌신이 없으면 불가능한 일이다. 같은 입양 부모로서 존경과 지지를 보낸다.

저자는 입양, 특히 장애아 입양이라는 다소 무거운 주제를 일상의 수준에서 풀어낸다. 입양을 자기 삶의 한 부분으로 받아들이고 그것을 사랑하며 즐긴다. 특히

많이 인용된 성경 구절은 그레이스의 입양과 양육 동기와 힘이 하나님임을 보여 준다. '사람의 제일 되는 목적은 하나님을 영화롭게 하고 그분을 영원토록 즐거워하는 것'이라는 웨스트민스터 소요리문답 제1문답을 삶으로 실천하고 있다. 하나님의 정원에 입양되어 심긴 나무라고 하는 저자가 아이를 입양하고 정원에 심어 기르는 모습에서 하나님의 형상을 발견한다. 그저 아름답다!

임경근 목사
다우리교회 담임, 『교리와 함께하는 365 가정예배』 저자.
세 명의 자녀를 갖고 넷째를 입양한 부모

아픈 아기였던 그레이스를 처음 보았을 때 엄마는 비에 젖으면 투명해지는 '산하엽' 같았다고 했다. 한련화, 크로커스, 하얀 데이지, 작약, 붓꽃, 쥐오줌풀, 바이올렛, 로즈힙…. 이렇게 낯설고도 예쁜 이름을 들려주며, 저자는 우리를 아름다운 정원으로 인도한다. 거기에는 수채화로 그린 것처럼 아름다운 집에 보랏빛 제비꽃을 좋아하는 소녀와 엄마가 꽃나무를 돌보고 있다. 어릴 적 꽃 이름으로 한글을 배웠다는 저자는 꽃과 나무를 사랑하는 정원사 엄마다. 생후 40일에 입양한 딸 그레이스는 태어날 때부터 아팠으나, 아무리 작고 연약한 꽃이라도 훌륭한 정원사를 만나면 제자리에 심겨 보살핌과 영양분을 공급받는다. 여리고 약한 부분이 단단해지고, 세상을 살아갈 힘도 자란다. 저자는 이걸 '아주심기'라는 정원사의 용어로 설명해 준다. 이런 맑고 여린 아이를 돌보는 엄마는 딱딱한 마음의 빗장이 열려 매번 부드러운 속살이 솟아나는 듯하다. 마치 뿌리가 다른 두 나무가 서로 합쳐져 하나로 '연리'(蓮理)가 되는 것처럼, 그레이스의 집 정원은 충만하고 사랑스럽다.

책을 읽으며 마치 내가 정원을 거닐고 있는 기분이 들었다. 걸을 때마다 정원사 엄마와 딸이 나의 손을 붙잡고 꽃이며 나무며 하늘에 떠 있는 구름과 바람, 별들의 소리를 들려주고 있다. 코끝에 향기가 나는 듯하다. 제주에 가면 그레이스네 집 정원에 들러 동백꽃 차 한 잔 부탁해 볼까? 아름다운 정원을 만드신 하나님의 임재가 그들의 들숨 날숨을 통해 여기까지 전해진다. 여기에다 각종 꽃 이름과 사진, 흥미로운 원예 지식과 정보는 덤이다. 여러모로 알차고 감동적인 책, 소장하고픈 책이다.

제행신 작가
『지하실에서 온 편지』의 저자

겨울
정원

만지면 손에
향기가 남는 꽃

글을 시작하며

너에게 가는 길

우리 그레이스에게 일곱 번째 봄이 찾아왔다. 3월의 수선이 지고 나면 돌틈 사이로 하늘빛 꽃마리가 피어나는 4월. 세상에 이렇게나 작고 사랑스러운 꽃이 또 있을까? 다섯 갈래로 나뉜 꽃잎은 별처럼 사랑스럽고 줄기와 가지와 잎은 모두 털로 덮여 있는데, 마치 우리 그레이스의 살갗, 그 솜털처럼 보드랍다. 그렇게 하늘거리는 풀꽃들을 감상하며 4월을 보내고 나면, 5월의 차나무에서는 뾰초롬히 새순이 올라오고, 어느덧 우리 집 정원은 수국이 구름처럼 부풀어 오르는 6월을 맞이한다. 이맘때이다. 제주의 돌담마다 자줏빛 송엽국이 폭포처럼 흘러내리고, 정원의 연못에는 어디선가 포롱이며 날아든 콩새들이 올망졸망 물을 먹던 그 예쁜 봄날이…. 여섯 해 전, 남편과 함께 그레이스를 처음 만나러 가던 날, 그날은 하늘도 들판도 마치 윤슬을 띄운 바다처럼 눈이 부셨다. 여러 악기가 한데 어우러져 '꽝!' 하고 울려 퍼지는 오케스트라의 향연처럼 세상 모든 꽃의 향기가 마구 섞여 가슴을 물들이던 아주 달콤한 봄날이었다.

"딸을 원하신다고요? 음… 얼굴이 예쁘지 않아서 남아 있는 아기가 있고, 아픈 아기가 있습니다. 그래도 보시겠어요?"

입양을 담당하고 계셨던 소장님의 목소리는 다소 냉철했고, 나는 그분의 음색에서 이미 여러 부부가 그 두 아기를 보았지만 감히 감당할 자신이 없어 그냥 돌아섰음을 느낄 수 있었다. 그곳은 나에게서 또 하나의 생명으로 태어나기 전까지의 우리 그레이스를 품어 주었던, 내 아기의 영적 태반이며 동시에 나의 영적 자궁인 '동방사회복지회'이다.

상담실을 나와 계단으로 오르는 길, 어디선가 좋은 냄새가 나기 시작했다. 지금 생각해 보니 그것은 아기 냄새였다. 파우더 향이랄까? 고소한 분유 냄새랄까? 문을 열고 들어서자 그 좋은 냄새가 내 온몸을 감싸 안았다. 초콜릿 무늬처럼 네모난 아기침대가 빽빽하게 채워져 있었는데, 모두 새로운 가족을 기다리는 건강한 남자 아기들이었다. 그리고 가장 안쪽 별도의 방에는 아픈 아기들이 분리되어 보호를 받고 있는 듯했다. 아기를 기다리기 위해 넓은 테이블을 사이에 두고 남편과 마주 앉았다. 떨리는 두 손을 모아 기도하는 남편을 보니, 나의 심장에서도 눈물이 흐르듯 가슴이 뜨거워지기 시작했다.

드디어 분홍빛 속싸개, 그 안으로 빼꼼히 보이는 두 아기가 우리 곁으로 왔다. 한 아기는 피부가 무척 검고 두상이 컸다. 이목구비 역시 어딘가 조화

롭지 않았지만 매우 건강한 아기였다. 음… 그리고 또 한 아기는, 마치 비에 젖으면 금세 투명해지는 산하엽(Diphylleia grayi)의 꽃잎처럼 희고 맑은 피부를 가진 생후 40일 된 아기였다. 너무 작고 가늘어서 어찌 안아야 할지조차 알 수 없었다. 다만 파아란 입가를 보아하니 심장이 아픈 아기라는 것을 충분히 짐작하게 했다.

한 아기 한 아기를 교대로 안으며 남편과 나는 두 아기 모두를 위해 기도했는데, 그 가운데 하나님께서 내게 놀라운 경험을 허락하셨다. 건강한 아기를 안고 기도를 드린 후 남편에게 건네고서 조심스레 아픈 아기를 건네받아 기도를 드리는 중이었다. 아기의 가슴에 얹은 나의 오른손이 강한 진동이 느껴질 만큼 크게 떨려왔다. 기도하는 음성도 어딘지 모르게 평소의 내가 아닌 듯했고, 그동안의 기도와는 다른 처음 겪는 느낌이었다. 더구나 기도 가운데 야고보서와 마태복음의 말씀이 매우 강렬하게 떠올랐는데, 지금까지 말씀이 그렇게나 또렷이 가슴벽에 새겨진 적은 없었다.

믿음의 기도는 병든 자를 구원하리니 주께서 그를 일으키시리라 혹시 죄를 범하였을지라도 사하심을 받으리라 _야고보서 5:15

하나님 아버지 앞에서 정결하고 더러움이 없는 경건은 곧 고아와 과부를 그 환난 중에 돌보고 또 자기를 지켜 세속에 물들지 아니하는 그것이니라 _야고보서 1:27

이같이 너희 빛이 사람 앞에 비치게 하여 그들로 너희 착한 행실을
보고 하늘에 계신 너희 아버지께 영광을 돌리게 하라 _마태복음 5:16

하나님의 이름을 부를 때마다 울컥울컥 쏟아지던 눈물은, 내 평생 흘렸던
그 어떤 눈물보다 아프고 뜨거웠으리라…. 떠오른 말씀을 잊지 않으려고
계속해서 되뇌며 자리에서 일어섰다. 그렇게 아기들과의 첫 대면을 마치고
나오는데, 등 뒤에서 나지막이 남편의 목소리가 들려왔다.

> "여보, 건강한 아기는 어느 가정이나 갈 수 있어요. 하지만 아픈 아기는 홀로
> 병원 생활을 하며 가장 부모가 필요한 시기를 놓치게 될 거예요. 그 아기에게
> 는 지금 부모가 필요해요."

놀라웠다. 방금 전 내 가슴에 던져진 듯 새겨진 말씀들과 전혀 다를 바 없
는 남편의 고백이었기 때문이었다. 곧 병든 자를 향한 마음(약 5:15), 고아를
돌아보라는 마음(약 1:27), 우리의 착한 행위(입양)를 통해 하나님께 영광을 돌
리자는 이야기였다(마 5:16).

뒤를 돌아 남편을 힘껏 안았다. 그때 남편의 품에서 느껴지던 성령님의 안
위하심과 온몸의 마디를 타고 흐르던 전율을, 나는 지금도 어찌 표현할 길
이 없다.

어떻게 잊을까, 그날을…
사랑하는 나의 아가, 풀꽃처럼 여린 너를 품에 안으니
가만히 들려오던 포글포글 그 아픈 심장 소리와
투명하리만큼 하얀 두 볼에 퍼져 있던 빠알간 핏줄,
꽃마리의 민낯처럼 푸르스름하던
너의 그 작은 입술을…

그랬다. 우리는 그날 심장이 아픈 아기를 품기로 마음먹었고, 그 아기는 가장 부모가 필요한 시기를 우리와 함께했다. 큰 수술을 했고 그 뒤에도 여러 수술이 있었다. 그렇게 그레이스는 나의 품에서 일곱 번째 봄을 맞이했다.

하나님께서 지으신 세상 모든 것 가운데 가장 예쁘고 사랑스러운 작품, 그 귀한 그레이스를 부족한 우리 가정에 허락하심을 감사한다. 그레이스에게 꽃처럼 향긋한 스무 번째 봄이 찾아오면, 미움과 원망이 아닌 그들을 향한 용서와 감사의 화해가 있기를 기도하며…

지금부터 정원사 엄마와 봄꽃처럼 예쁜 그레이스의 이야기를 시작한다.

누구든지 내 이름으로 이런 어린아이 하나를 영접하면 곧 나를 영접함이요 누구든지 나를 영접하면 나를 영접함이 아니요 나를 보내신 이를 영접함이니라 _마가복음 9:37

봄 정원

봄꽃으로
　태어난
그레이스

봄의 향연

눈부시게 아름다운 5월
모든 꽃봉오리 피어날 적에
나의 마음속에도 사랑이 피어났네

3월의 바람은 수선의 향기를 싣고 온다. 나는 모든 창을 열고 슈만의 '시인의 사랑'(Dichterliebe)을 들으며 이 바람의 향기를 느끼고 있다. '시인의 사랑'의 첫 번째 곡만큼 봄을 잘 표현한 노래는 아마 세상 어디에도 없을 것이다. 나는 이 노래를 들을 때면 늘 우리 그레이스가 떠오른다. 그레이스가 이 땅에 태어난 때가 5월이라 그럴 테지, 그 예쁜 보

동화 같은 크로커스가 피어났다.
이제 봄이다!

너의 심장소리
봄 정원 – 봄꽃으로 태어난 그레이스

석이 내 마음에 피어난 때가 오색 찬란했던 봄이라 그럴 테지….

눈부시게 아름다운 5월
모든 꽃봉오리 피어날 적에
나의 마음속에서도 그레이스가 피어났네!

나무의 마른 가지에서도 꽃이 피기 시작했다. 정원의 뒤뜰에는 언제나처럼 동화 같은 크로커스(Crocus)가 가장 먼저 피어났다. (물론, 야생딸기 가시덤불 사이로 복수초와 노루귀가 먼저 피었다가 쓰러졌을지도 모를 일이다.) 이제 찰나의 순간에 모든 봄꽃의 조명이 켜지고 세상은 마법처럼 빠르게 초록 봄 불로 번져 갈 것이다. 그러면 한껏 부풀어 올라 넘실대는 수국들의 춤사위 너머로 어느덧 그레이스를 처음 만났던 날이 돌아온다. 마치 분수처럼 뿜어져 나오는 장미 향의 기적처럼 말이다.

그레이스에게는 조금 서운하게 들릴지 모르지만, 나는 그레이스를 처음 만나고 돌아온 날 그 아기가 아픈 아기였음에 감사했다. 만약에 아주 건강한 아기였다면 그 어떤 예비 입양 부모라도 우리 그레이스를 가장 먼저 선택했을 테니까. 혹시 그레이스가 이 글을 보고 서운해하지는 않을까 조금 염려가 되기도 하지만, 언젠가 그레이스도 하나님께 감사의 고백을 올리게 될 것이다. 예수님의 십자가 고통이 우리를 구원하였듯이 왜 이리 어려운 과정을 통해 우리를 하나 되게 하셨는지, 분명 깨닫게 하실 테니까….

"5월의 꽃봉오리만큼이나 여여쁜 나의 그레이스! 엄마는 네가 너의 약한 것들에 대하여 자랑하는 날이 오리라 믿는단다. 너의 보배로운 삶이 너와 같은 형편의 아이들에게 위로와 소망이 되기를 기도할게."

🌿 나에게 이르시기를 내 은혜가 네게 족하도다 이는 내 능력이 약한 데서 온전하여짐이라 하신지라 그러므로 도리어 크게 기뻐함으로 나의 여러 약한 것들에 대하여 자랑하리니 이는 그리스도의 능력이 내게 머물게 하려 함이라 _고린도후서 12:9

목련꽃처럼

처음 집에 도착한 날,
그레이스의 나비잠

목련꽃은 겨울을 품고 피어나기에 따뜻한 솜털 옷을 입고 있다. 잘 다듬어진 붓끝처럼 팽팽한 꽃봉오리 속에 우윳빛 부드러운 속살을 감추고 있는데, 다른 꽃들에 비해 피어 있는 시간이 짧아서 봉오리가 벌어져 흰 낯이 보이는 그 순간부터 모두의 가슴을 설레게 한다. 그러다 폭죽처럼 펑! 하고 제 살을 모두 쏟아 내기라도 하면 늦겨울부터 기다리다 부풀 대로 부푼 나의 가슴도 터져버릴 듯 황홀하다.

그레이스는 목련꽃의 속살처럼 희고,

또 그만큼 나의 마음을 애타게 했던 아주 사랑스러운 아기였다.

입양 서류 절차가 마무리되려면 4개월 이상을 기다려야 했기에 남편과 나는 '가정 위탁 보호 제도'를 신청했다. 물론 그 제도를 통해서도 그레이스가 제주로 오기까지는 두어 달을 더 기다려야 했지만, 그것이 우리가 한집에서 살 수 있는 가장 빠른 방법이었다. 그 사이에도 우리 가족은 꾸준히 그레이스를 찾아갔다. 아기는 대개 엄마의 젖을 먹는 생물학적 욕구의 충족과 더불어 특정한 냄새와 촉감, 소리 등을 통해 부모와의 애착을 형성한다. 그러하기에 더 많이 안아 주고, 또 들려주고 싶었다. 아동 정신 분석의 거장 도날드 위니콧(Donald Winnicott)은 정신 발전 모델에서 "품에 안기지 않으면 유아는 조각조각 부서진다. 이런 단계에서 육체적 돌봄은 심리적 돌봄이다."라고 했다. 출생 직후에는 육체와 정신이 분화되어 있지 않기 때문에 육체적 포옹은 곧 정신적 포옹이 된다는 의미이다.

이른 아침 비행기를 타고 서울에 도착하여 꼬박 반나절을 그레이스와 보낸 후, 다시 집으로 돌아가는 제주행 비행기에 몸을 실으면 그렇게도 눈물이 흘러내렸다. 아기는 외로이 홀로 두고 엄마 혼자 집으로 돌아가는 것 같은, 표현 못할 어미의 아픔이었다.

> 내가 너희를 고아와 같이 버려두지 아니하고 너희에게로 오리라 _요한복음 14:18

예수님의 그 마음만이 위로가 되었고, 희망이 되었다.

그러던 어느 날, 그날도 집으로 돌아가는 비행기 안이었다. 내 옆에는 젊은 부부가 앉아 있었다. 그날 역시 비행기가 이륙한다는 기내 방송이 나오자 이내 눈시울이 뜨거워졌고, 급히 손수건을 찾으려고 가방 안쪽 주머니에 손을 넣었는데 웬일인지 잡히질 않았다. 그렇게 머뭇거리고 있을 때, 옆에 앉아 있던 새댁이 넌지시 본인의 손수건을 건네며 말을 걸어왔다.

　　"괜찮으세요?"

그런데 눈인사를 나누던 중 어딘가 낯이 익은 듯 느껴졌다. 때마침 그녀가 먼저 이야기했다.

　　"아침에 복지회에서 뵈었어요."

우리는 제주로 가는 비행기 안에서 많은 이야기를 나누었다. 그들은 입양을 신중하게 고민하고 있는 불임 부부였고 주변 가족들의 만류로 몇 년 동안 마음고생을 해온 듯했다. 나는 크리스천이었던 그들 부부에게 용기를 주고 싶었다. 그래서 남편과 내가 그레이스를 어떻게 만나게 되었는지, 우리 가족의 이야기를 함께 나누었다. 그들 역시 마음을 열고 그간의 아픈 이야기들을 천천히 들려주었다. 어느덧 손수건은 나의 손에서 그녀의 손으로 옮겨져 있었다. 그녀의 눈물을 바라보며 마음으로부터 기도가 흘러나왔다.

"하나님, 이들을 위로하시고 이들에게 용기를 주세요."

어느새 파아란 제주의 바다가 내려다보였다. 부부는 우리 가정을 통하여 큰 힘을 얻었다며, 여행을 마치고 돌아가 바로 입양 절차를 진행하겠으니 꼭 기도를 부탁한다고 여러 번 당부했다. 기쁘고 감사했다.

그들 부부는 왜 마침 그날 제주로의 여행을 계획하게 되었을까? 왜 우리는 같은 비행기의 옆 좌석에서 만나게 되었을까? 그리고 분명, 가방에 잘 넣어둔 것 같았던 나의 손수건은 어디로 간 것일까?

이 크고 놀라운 비밀의 열쇠는 하나님만이 가지고 계신다.

집으로 돌아와 나는 그들 부부가 생각날 때마다 기도했다. 그 가운데 무엇이든지 기도하고 구하는 것은 받은 줄로 믿으라 하셨던 마가복음 11장 24절의 말씀이 떠올랐다. 선한 뜻을 가지고 구하는 자는 어떠한 의심과 흔들림 없이 오직 믿음으로 기대하며 기다려야 한다는 의미이다. 감사하게도 그들을 위해 기도할 때마다 하나님께서 우리의 만남을 기뻐하고 계신다는 감동이 느껴졌다.

어쩌면 아픈 아기였기에 그레이스의 이야기가 그들에게 더한 감동을 선사했듯이, 하나님께서는 이 땅의 비밀들을 당신만의 방법으로 풀어 가시며 계속해서 믿음의 자녀들 안에 역사해 가실 것이다. 지금은 다 알 수 없지만, 우리의 삶이 선한 영향력을 끼치며 복음의 도구로 쓰임받을 수 있다면 지금의 모습 그대로에 기뻐하고 감사하며 살아가야 한다.

우리가 알거니와 하나님을 사랑하는 자 곧 그의 뜻대로 부르심을 입은 자들에게는 모든 것이 합력하여 선을 이루느니라 _로마서 8:28

너의 심장 소리
(VSD · ASD)

수목원에 오르는 길
"엄마, 버섯이 피었어요!"

그레이스가 앓고 있던 선천성 심장 질환은, 심실 사이막에 구멍이 있어 좌심실에서 우심실로의 짧은 단락로가 생긴 심실중격 결손(VSD, ventricular septal defect)과 좌우 심방 사이에 있는 심방 사이막에 구멍이 뚫려 있는 심방중격 결손(ASD, atrial septal defect)이었다. 심방에는 3mm, 2mm 가량의 두 개의 구멍이 있었고, 심실에는 6mm 가량의 한 개의 구멍이 있었다. 그래서 그레이스의 가슴에 귀를 가져다 대거나 가만히 손을 얹어 보면 콩닥콩닥 뛰는 대신 포글포

너의 심장 소리
봄 정원 – 봄꽃으로 태어난 그레이스

글 거품이 이는 소리가 들려왔다. 그랬기에 온 힘을 다하여 젖병을 빨고 나면 아기의 머리와 이마는 온통 땀으로 젖어 들었고, 입술은 마치 꽃마리의 민낯처럼 푸르스름하게 변해 갔다.

우리는 매해 정기적으로 병원에 가야 했다. 여러 검사를 위해 아주 매운 포크랄 시럽(pocral syrup)이라는 수면 유도제를 먹여야 했는데, 무엇보다 그 약을 넘기는 가운데 토를 하다 생길 수 있는 흡인성 폐렴을 주의해야 했기에 그레이스는 장시간 금식을 한 상태여야 했다. 배가 고파 우는 아기에게 그 지독한 약을 먹이면 아기는 필사적으로 뱉어 내기만 했다. 그렇게 여러 번 뱉어 낸 뒤에 남은 약의 잔량으로 서서히 잠들어 가는 그레이스를 바라보는 일이 얼마나 가혹하던지…. 2019년 7월 수술 전까지 우리는 이러한 과정을 무려 여섯 번이나 거쳤다. 하지만 이때만큼은 나도 마음 놓고 울 수 있었다. 어차피 소아 심장 병동 초음파실 그 앞의 복도에는 모두 나와 같은 엄마와 아기들뿐이었으니까….

물론 그 당시 결손 부위를 수술할 수도 있었다. 하지만 스스로 막히는 사례들도 꽤 있었기에 너무도 작은 그레이스를 수술대 위에 올리는 것 대신 우리는 기도를 선택했다. 그때부터였을 것이다. 남편과 함께 저녁 금식 기도가 시작되었던 것이…. 그 기도는 그레이스의 수술이 있던 해까지, 5년이라는 시간 동안 절실히 이어졌다.

그레이스가 걸음마를 떼면서부터 우리는 특별한 일이 없는 한 매일 집에서 차로 30분 정도의 거리인 한라수목원으로 향했다. 수목원 곳곳에 낮고 안전한 오르막들이 있어 아기가 무리 없이 운동하기에 참 좋았다. 온실 안에는 그레이스가 좋아하는 잉어와 금붕어들도 많았다. 비가 오는 날에는 우비와 장화를 신고, 눈이 오는 날에는 털모자를 꾹꾹 눌러쓰고 부지런히 운동했다. 그렇게 걷고 오르는 매 순간에도 나는 기도했다. "하나님, 어제보다 오늘, 그레이스의 심장이 더 튼튼해졌지요? 계속 더 튼튼해질 거지요?" 그 어리숙한 기도가 나와 그레이스에게는 가장 큰 위안이었고 소망이었다.

지금 생각해 보니 4년에 가까운 날들이다. 수술 날짜가 잡히기 전인 만 5세까지는 그레이스의 근육과 호흡을 단단하게 키워 주기 위함이었고, 수술 날이 정해진 이후부터는 빠른 회복을 돕기 위한 준비 과정이었다. 감사하게도 매일의 소풍을 위해 간식을 싸고 여러 가지 채소와 과일로 주스를 만들어 병에 담는 일을 그레이스가 얼마나 기뻐했는지 모른다.

약 기운으로 잠들어 가는 아기를 안고 병원 복도를 거닐며 가슴이 먹먹해 눈물이 흐를 때마다 의지가 되었던 말씀이 있다. 나는 이 말씀이 우리 그레이스의 살아갈 날들에도 반드시 힘이 되어 주리라 믿는다.

> 🖋 평안을 너희에게 끼치노니 곧 나의 평안을 너희에게 주노라 내가 너
> 희에게 주는 것은 세상이 주는 것과 같지 아니하니라 너희는 마음에
> 근심하지도 말고 두려워하지도 말라 _요한복음 14:27

꽃전

나는 어릴 적에 꽃 이름으로 한글을 배웠다. 아버지께서 식물을 무척 사랑하셨기 때문이다. 깍두기공책의 네모 칸 밖으로 글씨가 빠져나가지 않도록 개나리, 진달래, 코스모스, 해바라기… 또박또박 써 내려가던 기억이 새록새록 난다. 우리 그레이스가 꽃 이름으로 한글을 배우는 이유이다. 어렴풋한 나의 기억 속에도 그 시간들이 참 향기로웠다.

그레이스가 지은 이름,
'블루베리 제비꽃'

오늘은 그레이스와 정원에 핀 꽃들 가운데 특별히 식용이 가능한 꽃과 나물들을 찾아보았다. 우선은 제비꽃, 쑥,

냉이, 돌나물이 피어 있었다. 그 가운데 그레이스의 마음을 사로잡은 것은 바로 제비꽃이었다. 보라색, 노란색, 하늘색… 크기와 색깔, 그리고 꽃잎과 잎사귀의 모양도 각기 다른 그 작은 꽃들을 가장 흥미롭게 관찰했다. 짧은 시간에 그레이스의 소꿉 바구니는 앙증맞은 제비꽃으로 가득 넘쳐 났다. "엄마, 이것 보세요! 제가 이만큼이나 땄어요!" 하며 신이 나서 달려오던 아이의 얼굴이 어찌나 뿌듯해 보이던지…. 문득 "어린 시절에 즐거운 추억이 많은 아이는 삶이 끝나는 날까지 안전할 것이다."라고 했던 도스토옙스키(Fyodor Dostoyevsky)의 말이 떠올랐다.

우리는 서로가 따 가지고 들어온 꽃과 채취한 나물을 함께 분류해 보았다. 나는 쑥과 냉이를 주로 땄고 그레이스는 온통 제비꽃만을 땄다. 아 참, 그레이스의 손등 위에는 공벌레가 한 마리 올려져 있었는데, 그 작은 친구도 우리와 함께 들어와 투명한 컵 속을 빙글빙글 돌아다니고 있었다. 공벌레는 적이 나타나 놀라면 몸을 둥글게 마는 습성이 있는데, 어른들과 다르게 아이들은 그 모습을 참 귀여워한다. 그레이스는 주방에 엎드려 넓은 도화지 위에 제비꽃을 그리기 시작했다. 어찌나 섬세하게 표현해 내는지 작가들의 식물도감 못지않다. (고슴도치 엄마임을 인정합니다. ^^) 그리고 그림 아래로는 꽃의 색깔 별로 재미있는 이름을 각각 붙여 주었는데, 바로 '블루베리 제비꽃', '병아리 제비꽃', '솜사탕 제비꽃'이다. 정오의 햇살이 잔뜩 묻은 낯빛 그대로 즐겁게 꽃을 그리며, 공벌레와 진지한 일곱 살의 인생을 논하던 그레이스가 너무도 사랑스러웠다.

같은 시간 나는 주방 한편에 앉아 메밀가루와 찹쌀가루를 풀고 있었다. 어릴 적 외가댁에서 먹었던 꽃전이 생각났기 때문이다. 큰이모께서 잘 달구어진 팬에 작고 동그란 모양의 반죽을 한 스푼 떠서 펼치시면, 나는 그 위에 제비꽃과 쑥을 올렸다. 기름에 젖은 제비꽃은 색깔이 더 진해져 예쁘다. 그 후에도 방학이 되어 외가댁에 내려가면 큰이모는 밭과 들에서 여러 꽃을 따다 전을 부쳐 주곤 하셨는데, 나는 그 가운데 호박 꽃전을 가장 좋아했다. 수꽃의 수술을 떼어 내고 살짝 시들린 후 반죽한 찹쌀가루를 묻혀 부쳐 낸다. 나는 자연스레 호박은 한 줄기에 수꽃과 암꽃이 모두 달린다는 것을 알게 되었고, 수꽃은 꽃대가 길고 암꽃은 꽃대가 짧으며 그 밑 부분에 씨방이 있다는 것을 배웠다.

그레이스가 공벌레와 계속해서 즐거운 대화를 나누는 동안 기름을 넉넉히 부은 프라이팬에 제비꽃과 쑥을 올렸다. 얇게 부쳐 흰 접시에 담으니 반짝반짝 얼마나 예쁘던지…. 나는 추억을 떠올리며 눈으로 하나, 입으로 하나를 먹을 때 그레이스는 맨손으로 일곱 장을 뚝딱 먹어 치웠고 이내 기름으로 범벅이 된 맨들맨들한 입술로 나를 유혹하기 시작했다. "엄마, 뽀뽀해주세요~ 네?" 하며 아주 느끼하고 쫀쫀한 목소리로 말이다. ^^

제비꽃은 우리나라에서 가장 많은 종을 가진 식물이다. 무려 40종 이상이 분포하고 있는데, 우리 집 정원만 해도 무려 여섯 종이나 있다. 밭에는 물론이거니와 '어찌 저렇게 높고 척박한 곳까지 꽃을 피웠을까?' 싶을 만큼,

갈라진 벽틈과 오래된 야자나무 기둥에까지 피어 있다. 바로 개체 수가 많고 몸집이 작은 개미들이 번식을 돕고 있기 때문이다. 제비꽃의 씨앗에는 엘라이오솜(Elaiosone)이라는 조그맣고 하얀 지방산 알갱이들이 붙어 있는데, 개미가 이것은 땅속으로 가져가 떼어먹고 씨앗은 집 부근에 버려둔다. 그러면 그 씨앗이 다른 찌꺼기들을 만나 그것을 양분으로 하여 이듬해 싹을 틔우는 것이다.

그렇게 기이한 곳에까지 피어 있는 제비꽃을 볼 때마다 우리도 개미와 같이 이 세상의 척박하고 가난한 땅, 아직도 복음이 들어가지 못한 미전도 지역들을 두루 찾아다니며 엘라이오솜처럼 달콤한 '복음의 씨앗'을 전해야 한다는 것을 깨닫는다. 몇 해 전 여름 중국 선교지에서 낡은 신발이 벗겨져 발꿈치에 피가 나는 아이에게 그레이스의 신발을 신겨 준 후 그레이스를 업어 숙소로 돌아오던 날, 나의 등에 기대에 속삭이던 아이의 이야기를 기억한다.

　　"엄마, 저 친구는 엄마가 없나 봐요. 아무도 돌봐 주지 않나 봐요. 배가 고플지도 몰라요. 나는 엄마가 있는데, 나는 밥도 먹을 수 있는데…."

나는 마음으로 이야기했다.

　　"그래, 그레이스. 아직 세상에는 우리가 전해야 할 엘라이오솜, 곧 예수님의 복음을 기다리는 힘들고 외로운 친구들이 참 많단다. 기억하렴, 그것이 바로 그레이스와 엄마가 이토록 뜨겁게 연리(蓮理)되어 이 땅에 살아가고 있는 이유라는 것을….."

🍀 누구든지 주의 이름을 부르는 자는 구원을 받으리라 그런즉 그들이 믿지 아니하는 이를 어찌 부르리요 듣지도 못한 이를 어찌 믿으리요 전파하는 자가 없이 어찌 들으리요 보내심을 받지 아니하였으면 어찌 전파하리요 기록된 바 아름답도다 좋은 소식을 전하는 자들의 발이여 함과 같으니라 _로마서 10:13~15

아주심기

그레이스의 두 손에
한련화 씨앗이 가득

올봄에는 그레이스와 함께 한련화 (Nasturtium)의 씨앗을 심었다. 꽃과 잎이 모두 식용 가능할 뿐 아니라 해충의 접근도 막아 주기 때문에, 싹이 자라기 시작하면 텃밭 가까이에도 옮겨 심으려고 한다. 영국의 위즐리가든(Wisley garden)에서 그레이스가 씨앗 봉투의 꽃 사진에 반해 직접 고른 것이었다.

우선 씨앗의 빠른 발아를 위해 딱딱한 껍질이 벗겨질 때까지 물에 담가 두었다. 그 상태로 나흘이 지나니 씨앗의 껍질이 부풀어 오르기 시작했고, 하루가

너의 심장소리
봄 정원 – 봄꽃으로 태어난 그레이스

더 지나니 완전히 벗겨져 있었다. 그레이스와 함께 10cm의 임시포트에 네 알씩 나누어 심었다. 그렇게 2주 후, 오래 기다리던 싹이 빼꼼 올라왔고 우리는 계획한 대로 텃밭 주위에도 서로가 고른 예쁜 토분과 여러 뿌리를 옮겨 심었다.

이렇게 식물이나 작물을 이전에 자라던 곳에서 재배할 곳으로 옮겨 심는 것을 '아주심기'라고 한다. 묘목이나 모종이 튼튼하게 자라도록 자리를 바꾸어 심는 '옮겨심기(移植)'와는 다른 용어이다. 아주심기는 더 이상 옮겨 심지 않고 완전하게 심는다는 의미로 '정식(定植)'이라고도 한다.

그레이스가 비행기를 타고 제주에 도착한 날을 평생 잊지 못할 것이다. 복지회의 소장님으로부터 제주 공항에 잘 도착했다는 메시지를 받았으면서도 탑승 편명을 확인하고 또 확인했다. 이윽고 출구 쪽에서 사람들이 나오기 시작하자 가슴이 마구 뛰기 시작했는데, 바흐의 푸가(Fugue)와 같은 울림이었달까? 요란한 떨림 같은 것이 가슴에서부터 재빠르게 온몸으로 퍼져가는 느낌이었다. 정말이지 그러한 전율은 처음이었다. 드디어 멀리 낯이 익은 복지회 직원과 그레이스를 조심스레 안은 소장님이 보였다. 그 순간 모든 떨림과 긴장은 눈물로 바뀌었고, 남편과 함께 서로의 눈물을 닦아 주는 사이 어느덧 아기는 우리 앞에 와 있었다. "자, 이제 엄마한테 가자~!"라고 하시며 소장님께서 곤히 잠들어 있는 그레이스를 나의 품으로 옮겨 주셨다. 그런데 아기를 내 품으로 옮겨 안는 그 짧은 순간에 하나님은 내게 아주 특별한 경험을 선사하셨다. 나는 제왕절개로 큰아이들을 낳았기 때문에 자연 분만과 달리 마취에서 깬 후에서야 아기를 안을 수 있었는데, 그날 그레이스를 품에 안는 순간도 마치 그때와 같은 느낌이 들었던 것이다. 마취에서 막 깨어나 내 아기를 처음 품에 안은 것처럼 어딘가 몽롱했고 한없이 감격스러웠다. 이 한 생명과 그의 우주가 내 가슴으로 들어오는 환희를 무엇으로 표현할 수 있을까? 물론 병원도 집도 아닌 많은 사람이 오가는 제주의 공항 그 한가운데였으나 우리에게는 세상 그 누구보다 뜨겁고 가슴 벅찬 연리(蓮理)의 순간이었다. 내 감동의 눈물은 그레이스의 감은 눈 위로도 떨어졌다. 그 순간 우리는 함께 울고 있었다.

그렇다. 그날은 그레이스가 나에게 아주심기가 된 날이다. 그레이스는 평생 살아야 할 자리로 옮겨 심어지는 아주 작은 새싹이었던 것이다. 태 안에서의 여러 혼란과 외로움 속에서도 혼자 껍질을 벗어 내고 오롯이 삶을 향한 열정과 믿음으로 이 땅에 태어난 우리 그레이스. 아픈 심장으로 이만큼까지 버텨 내고 자라 준 그 작디작은 씨앗에게 감사했다.

그레이스라는 꽃을 키우기 위해 엄마라는 밭은 아주 많이 노력할 것이다. 햇빛 대신 사랑을 비추어 주고, 물 대신 칭찬을 부어 줄 것이며, 비료 대신 하나님의 말씀을 고루 뿌려 줄 것이다. 아마도 그레이스는 세상에서 가장 아름다운 꽃이 될 것이다. 가장 멋진 열매가 될 것이다.

나의 사랑, 내 어여쁜 자야 일어나서 함께 가자 겨울도 지나고 비도 그쳤고 지면에는 꽃이 피고 새가 노래할 때가 이르렀는데 비둘기의 소리가 우리 땅에 들리는구나 무화과나무에는 푸른 열매가 익었고 포도나무는 꽃을 피워 향기를 토하는구나 나의 사랑, 나의 어여쁜 자야 일어나서 함께 가자 _아가서 2:10~13

튤립

봉긋봉긋!
화사하게 피어난 튤립

'내가 분명히 작두콩을 아홉 개 가지고 나왔는데, 이상하네… 다 어디로 갔을까?'

콩 심을 밭을 솎고 뒤를 돌아보니 남겨진 콩은 세 개뿐이었다. 그레이스는 봉긋봉긋한 튤립밭 곁에서 나비를 쫓고 있고 올리는 앞 정원에 묶어 두었는데, 여섯 개의 콩은 도대체 어디로 사라진 걸까?

우선, 황칠나무 가까이에 잘 불려 놓은 작두콩 세 개를 심었다. 콩은 키가 큰 나무 곁에 심는 것이 좋다. 콩 줄기는 나무를 잘 감고 올라가니 따로 넝쿨을 매어 주지 않아도 되고, 특히 꽃이 작은 황칠나무에 기대어 콩꽃이 피면 새하얀 신부의 면사포처럼 얼마나 예쁜지 모른다. 물론 제주도는 식물과 작물을 심기 위해 땅을 솎는 일이 여간 쉽지 않다. 화산이 폭발하여 화산재가 땅을 덮어 생성된 화산회토(火山灰土)의 특성 때문인데, 이러한 이유로 제주의 동쪽과 남쪽 그리고 중산간 지대의 흙은 색깔이 검고 자갈이 많다. 하지만 오늘은 은은한 튤립 향기가 공기를 채워 힘이 드는 줄도 몰랐다.

튤립은 사람들의 생각과 다르게 제주와 같이 모래와 돌이 가득한 가파른 산악 지대에서 자생한다. 더욱이 유럽이 아닌 중앙아시아가 원산지인데, 1540년대에 중앙아시아 남단의 투르크메니스탄 주재 오스트리아 빈 대사가 처음 유럽으로 들여왔다. '튤립'이라는 이름도 아랍인들의 터번 모양과 비슷한 꽃이 핀다고 하여 붙여진 이름이다.

그런데 우리는 '튤립' 하면 왜 네덜란드가 먼저 떠오를까? 1634년부터 3년간 네덜란드를 덮친 투기 열풍이 바로 튤립의 구근(球根)이었기 때문이다. 그때 네덜란드는 대서양과 인도양의 무역권을 모두 장악하게 되면서 경제적으로 매우 풍요로운 시기였다. 이러한 탄탄한 배경을 바탕으로 네덜란드 식물 애호가들의 눈에 띈 튤립은 처음부터 고가에 거래되기 시작하고, 마침 유럽 토착 바이러스로 인해 원래의 색상과 다른 독특한 무늬와 색을 띤 튤립들이 등장하면서 상류층과 귀족들에게 재력의 상징이 된다. 급속도로 수요가 늘어나니 인도에서 출항하는 무역선의 선창에는 튤립의 구근으로 가득했고, 구근을 실은 배가 암스테르담에 도착하면 구근은 엄청난 돈으로 변신했다. 제대로 된 튤립 구근 하나면 운하가 내려다보이는 아름다운 저택을 하나 살 수 있었다는 이야기가 전해질 만큼 말이다. 하지만 3년간 무려 60배에 가깝게 뛰었던 구근의 가격은 10개월 사이 97%나 폭락하게 되는데, 그것은 튤립으로 단기간에 막대한 부를 얻을 수 있다는 소문이 퍼지자 농민 등 온 국민이 빚을 내서 사재기한 결과였다. 1637년에 네덜란드 경제는 파산했고 영국과의 전쟁에서도 패하게 된다. 그 후 해상 무역은 영국을 통해야만 했고, 다행히 튤립의 가격도 정상을 되찾게 되었다. 아직까지 네덜란드의 화훼 산업이 성대한 이유는 그 시기를 통하여 얻게 된 육종 기술이 밑천이 되었기 때문일 것이다.

나의 잃어버린 여섯 개의 작두콩 이야기를 이제 마무리 지어야겠다. 밭을 정리하고 들어와 우리는 저녁밥에 얹힐 완두콩 껍질을 벗기고 있었다.

"아, 참!"

그레이스는 갑자기 무언가가 생각난 듯 급히 정원으로 뛰어나갔고, 아이의 뒤를 따라 나섰던 나는 그때서야 잃어버린 콩들과 재회를 하게 되었다. 알고 보니 내가 밭을 솎으며 혼잣말로 했던 '작두콩의 효능'을 가만히 숨어 듣던 그레이스가 나비처럼 살포시 다가와 한 알, 또 한 알… 모두 여섯 알을 글쎄….

이제 막 입을 벌리기 시작한 여섯 송이의 튤립꽃 속에 넣은 것이다.

> "어머, 그레이스!"
>
> "어! 하나도 안 먹었네? 엄마, 막 꽃잎을 벌리기 시작한 튤립도 비타민과 칼슘이 필요하지요?"
>
> "응?? 그러…엄. 필요하지, 필요하고 말고…. 하하하!"

나는 지금도 그날의 깜찍한 튤립 사건이 생각날 때마다 웃음이 멈추질 않는다. 그런데 가만히 생각해 보면 그냥 웃을 일만은 아니었다. 신기하게도 그해 튤립은 다른 해와 다르게 더 튼튼히 더 오래 서 있었기 때문이다. ^^

> 🎂 내가 진실로 너희에게 이르노니 누구든지 하나님의 나라를 어린아이와 같이 받아들이지 않는 자는 결단코 거기 들어가지 못하리라 하시니라 _누가복음 18:17

사순절

보랏빛 겨울 볕이 깨지고 그 빗장 사이로 떨어지는 노란 봄빛이 너무도 반가운 2월이다. 겨울이 봄에게로 아주 빠르게 달려가는 지금을 우리는 무슨 계절이라 불러야 할까? 이제 곧 사순절(四旬節)이 시작된다. 사순절이란, 부활절 전까지 여섯 번의 주일을 제외한 40일의 기간을 말한다. 바로 예수님의 고난 당하심과 부활하심에 대한 신앙의 영적 준비 기간이다. 우리 가족은 매해 사순절이 돌아오면 마태복음을 묵상하며 각자의 말씀 노트에 필사해 왔다. 그 가운데 중심이 되는 말씀이다.

이른 봄을 노래하는
보랏빛 무스카리

너의 심상소리
봄 정원 – 봄꽃으로 태어난 그레이스

🌱 제육시로부터 온 땅에 어둠이 임하여 제구 시까지 계속되더니 제구 시쯤에 예수께서 크게 소리 질러 이르시되 엘리 엘리 라마 사박다니 하시니 이는 곧 나의 하나님, 나의 하나님, 어찌하여 나를 버리셨나이까 하는 뜻이라 _마태복음 27:45~46

🌱 천사가 여자들에게 말하여 이르되 너희는 무서워하지 말라 십자가에 못 박히신 예수를 너희가 찾는 줄을 내가 아노라 그가 여기 계시지 않고 그가 말씀하시던 대로 살아나셨느니라 와서 그가 누우셨던 곳을 보라 _마태복음 28:5~6

사순절이 다가오면 나는 매해 같은 생각을 하곤 한다. '지금 정원에 보라색 꽃이 피어 있다면 얼마나 좋을까.' 손수 가꾼 꽃을 꺾어다가 가족들이 머무르는 곳을 장식하고, 가까운 이웃에게 사순절의 의미를 담아 선물하면 더욱 뜻깊을 것이기에…. 하지만 작년 봄에 심어 놓은 자줏빛 헬레보루스(Helleborus)도, 매해 정원 앞 가득 피어나는 무스카리(Muscari armeniacum)도 아직 잠에서 깨어나지 않았기에, 오늘은 그레이스와 함께 아랫동네 꽃집에 들렀다. 겨울에 가까운 기온이지만 꽃집은 이미 하우스에서 귀히 자란 봄 꽃들로 가득했다. 마침 오늘 새벽에 꽃들이 대량 도착한 모양이었다. 제주에는 큰 화훼 농가가 없기 때문에 대부분의 꽃은 커다란 트럭에 실려 배를 타고 제주로 건너오는데, 제주의 꽃값이 비싼 이유도 이러한 유통 과정에 있을 것이다.

나는 데이비드 호크니(David Hockney)의 팔레트처럼 화려한 꽃가지들에 넋을 놓고 있다가 문득 그레이스가 보이지 않아 얼마나 놀랐는지 모른다. 몰아의 순간에서 깨어 두리번거리는 엄마를 향해 그레이스는 구두만 빼꼼 보일 만큼의 커다란 꽃다발을 안고 서서는 키득거리며 소리쳤다.

"엄마! 여기에요, 여기!! 짜잔~"
"어머, 그레이스. 대체 어디 있었던 거야? 엄마가 얼마나 놀랐는지 아니?"
"하하하! 아까부터 쭉 엄마 뒤를 따라다녔는 걸요!"

가만히 생각해 보니 아까부터 그 커다란 꽃 뭉치가 내 곁을 맴돌던 것 같기도 했다. 꽃집 언니와 엄마 놀래키기에 성공한 그레이스는 그 후로도 한참을 고소한 표정으로 웃어댔다. 집으로 가는 차 안, 향긋한 꽃들의 숨결을 머금은 그레이스가 물었다.

"엄마, 오늘 고른 꽃은 모두 보라색이네요?"
"그레이스, 오늘 아네모네(Anemone)와 스위트피(Sweet pea)를 고른 데는 모두 이유가 있단다. 그리스도인에게 보라색은 바로 슬픔과 참회의 색깔이거든. 우리 집 현관과 엄마의 서재에 걸어 놓은 보라색 천의 의미를 이제는 알겠니? 곧, 사순절이 시작되기 때문이야."

올해에는 조금 더 많은 꽃을 샀다. 예쁘게 포장을 해서 윗집과도 나누고 싶었다. 특별한 날이 아닐 때 꽃을 받으면 더욱 기쁘기 마련이니 사순절의 의미를 카드에 담아 그레이스와 함께 전하려 한다. 이번 사순절에 나는 특별히 마태복음이 아닌 로마서를 필사하기로 마음먹었다. 기특한 우리 그레이스도 어린이 큐티와 함께 매일 저녁 쓰고 있는 잠언서 말씀을 조금 더 늘려 쓰기로 약속했다.

↓ 우리가 아직 죄인 되었을 때에 그리스도께서 우리를 위하여 죽으심으로 하나님께서 우리에 대한 자기의 사랑을 확증하셨느니라 _로마서 5:8

녹차와 홍차 이야기

그레이스가 '똑똑' 하고 서재의 문을 열고 들어올 때면 늘 하는 말이 있다.

"엄마, 나무 냄새가 나요!"

서재의 한쪽 벽면은 할아버지께서 사용하시던 옛 다기와 오래된 찻잎, 또 마주한 벽면에는 많은 책들로 채워져 있기 때문이다. 다기는 흙으로 빚었고, 찻잎은 나무의 잎새이며, 책 또한 나무의 기둥으로 만들어졌으니 나무 향내가 날 법도 하다. 그리고 서재 문을 열어 마주하는 창 너머로는 우리 집 정원에서 가

제주의 넓고 푸른 녹차밭

장 나이가 많은 은목서(銀木犀) 나무가 서 있는데, 가을이면 그 꽃의 향기가 정원을 넘어 마을 입구까지 전해질 만큼 아름드리 큰 나무이다.

나는 5월을 가장 사랑한다. 이맘때가 되면 찻잎을 따기 위해 여행길에 오르곤 했다. 아주 옛날부터 다향(茶鄕)이라 불리는 전라남도 보성인데, 그곳에는 계단식으로 펼쳐진 아주 넓은 녹차밭이 있다. 여름 날씨가 시작되는 5월 중순부터 무더운 7월 중순까지는 찻잎에 숙성된 맛이 더해지기 때문에 수확하여 티로 만들기에 가장 좋은 시기이다. 햇볕이 몹시 따갑고 바람 한 점 없는 날씨에도 채반에 쌓여 가는 연녹이 곱고 예뻐 힘이 드는 줄도 모른다. '똑!' 하고 찻잎을 꺾어 바로 올라오는 그 풀 내음은 정말이지, 여느 꽃의 향기보다 짙고 싱그럽다.

봄이 되어 찻잎을 수확할 때는 새롭게 돌아난 세 개의 잎만을 따는데, 하나는 채 피지 않은 어린싹, 두 장은 약간 벌어진 어린잎이다. 한 개의 창과 두 개의 깃발이라고 하여 '일창이기(一槍二旗)'라고 한다.

녹차와 홍차는 모두 차나무(Camellia sinensis L.)에서 수확하여 만드는 것이다. 녹차는 찻잎을 수확한 후 달궈진 무쇠솥에 그것을 넣고 손으로 휘저어 가며 덖어 내는데. 이것을 '살청'이라고 한다. 홍차를 만들 때는 생략되는 과정이다. 홍차는 블랙티(black tea)라고도 하듯이 검게 산화시켜야 하기 때문에 열을 가하지 않는다. (살청은 산화 효소를 불활성화시키는 작업인 셈이다.) 그 대신 홍차는 찻잎을 시들게 하는 '위조'와 찻잎을 적당한 온도와 습도로 유지되게 하는 공간에 펼쳐 놓는 '산화'라는 과정이 필요하다. 외관상으로는 찻잎 색깔이 검정에 가깝도록 하고 내적으로는 찻잎의 생화학적 변화를 완성시키는 것이다. 그래야 붉은 구리빛의 홍차가 되기 때문이다. 다시 녹차로 돌아와 보면, 뜨겁게 살청을 마친 잎새들은 빨래하듯 골고루 주무르는 '유념'이라는 과정을 거친다. 그렇게 덖고 주무르기를 십여 차례 하고 나면 비로소 꼬들꼬들 비틀어진 모양이 되고 짙은 녹색을 띠게 된다. 마지막으로 건조의 단계를 거치면 티로 마실 수 있는 녹차가 탄생하는 것이다. 그리고 홍차는 위조와 유념 그리고 산화와 건조의 단계를 거쳐 탄생하게 되는데, 잎의 크기에 따라 '분류'라는 작업을 끝으로 완성된다.

차나무의 잎새들은 하나의 찻잎으로 태어나기 위해 뜨거운 솥에서 수천 번 덖여야 하거나 혹은 까맣게 변할 때까지 오랜 시간 시달려야 한다. 비단 불과 시달림의 제련(製鍊)뿐이 아니다. 반드시 뜨거운 물에 젖는 세례를 거쳐야만 맑고 향기로운 차로 거듭날 수 있기 때문이다. 이 땅을 살아가는 우리도 꼭 어린 찻잎과 같다는 생각이 든다. 그리스도인으로 거듭나기 위해서는 반드시 고난의 시간을 거쳐야 하고, 또한 생명수 되시는 예수님의 세례를 통해서만 맑고 향기로운 그리스도인으로 거듭날 수 있으니 말이다.

❋ 그러나 내가 가는 길을 그가 아시나니 그가 나를 단련하신 후에는 내가 순금같이 되어 나오리라 _욥기 23:10

마들렌 여섯 조각

오늘은 그레이스의 '일곱 번째' 생일이다.

아침 일찍 그레이스를 사랑하는 유주 이모가 마들렌 여섯 조각과 새벽에 수확한 찻잎, 그리고 귀한 말차 가루를 가져다주셨다. 그레이스의 유주 이모는 사실 나와 함께 늦깎이 원예학을 전공한 농대 선배이다. 세심한 언니는 며칠 전 함께 오름을 오르며 내가 했던 이야기를 기억하고 있었던 것 같다.

"언니, 나는 그레이스가 자라면 함께 보성 차밭을 여행하고 싶어요. 그레이스와 함께 채

"그레이스,
너의 일곱번째 생일을 축하해!"

엽(採葉)한 찻잎으로 차를 내리고, 거기에 언니가 만든 마들렌을 적셔 먹으면
얼마나 행복할까요?"

찻잎을 담은 소쿠리 위에 언니가 손수 만든 엽서 한 장이 있었다.

> 사랑하는 이모의 천사 그레이스, 일곱 번째 생일을 축하해요!
> 오늘은 엄마와 함께 집에서 녹차를 만들어 보아요.
> 참, 마들렌이 조금 까맣게 된 것은 그레이스를 향한 이모의
> 뜨거운 마음이지,
> 절대로 탄 게 아니에요. 절대!!! 흑흑흑….

하하하. 아무 말도 안 했으면 빵순이 모녀는 분명 몰랐을 텐데, 이 거뭇거
뭇한 것이 모두 태운 거였다니…. 유주 이모의 마들렌을 더 맛있게 먹기 위
해 우리는 녹차를 만들기로 했다. 집에서도 간이 제다 방법을 통하여 간단
하게 녹차를 만들 수 있다는 것이 매우 흥미롭다.

우선, ① 차나무 잎새 가운데 1심 2엽을 제외한 것들 중 두꺼운 가지나 불
순물이 있는지 살펴본다. ② 깨끗하게 골라낸 찻잎을 조리용 비닐봉지에
넣고 전자레인지에 2분 정도 가열한다. 덖는 작업을 대신한 '살청'(殺靑) 작
업이다. (찻잎에 열을 가하면 조금 전과 다르게 풀 내음이 아닌 꽃 향이 난다.) ③ 찻잎을
꺼내어 3분간 식히면 따뜻한 열기만 남는다. 바로 이때 '유념'(揉捻)을 해야

하는데 커다란 소쿠리 위에 천을 깔고 찻잎을 올려놓는다. ④ 천으로 찻잎을 감싼 뒤 손으로 둥글게 모아서 빨래하듯이 여러 번 치대 준다. ⑤ 그렇게 2분 가량 주물러 준 후 찻잎을 다시 풀어서 3분 정도 정치(定置)해 둔다. 이와 같은 작업을 4회 정도 반복한다. ⑥ 프라이팬을 뜨겁게 가열한 후 2분 정도 볶는다. '건조' 작업이다. ⑦ 그 다음 소쿠리 위에 펼쳐 놓으면 완성이다.

어느새 초록 향기가 물든 그 예쁜 손으로 유주 이모에게 쓸 카드를 챙겨 나온 그레이스. 나는 가장 먼저 외로운 제주 생활에 힘이 되어 주어서 고맙다고 썼다(그녀는 제주 사람이다). 살짝 눈을 옮겨 보니 그레이스 역시 따뜻한 메시지를 담아 가고 있었는데, 본인의 생일을 위해 여러 가지를 준비해 주신 이모께 감사하는 마음과 이모가 속히 예수님을 만나게 되기를 바라는 마음이 가득 느껴졌다. 카드를 쓰며 문득 나와 그레이스의 삶이 곧 '복음을 전하는 편지'가 되어야 한다는 생각이 들었다. 입술과 혀로만이 아닌 진실과 행함으로 예수님의 사랑과 복음을 나타내는 삶. 사도 바울은 말한다.

> 🌸 너희는 우리로 말미암아 나타난 그리스도의 편지니 이는 먹으로 쓴 것이 아니요 오직 살아 계신 하나님의 영으로 쓴 것이며 또 돌판에 쓴 것이 아니요 오직 육의 마음 판에 쓴 것이라 _고린도후서 3:3
> 🌸 이후로는 누구든지 나를 괴롭게 하지 말라 내가 내 몸에 예수의 흔적을 지니고 있노라 _갈라디아서 6:17

말씀처럼 우리 몸에는 예수 그리스도의 피로 새겨진 흔적이 있다. 믿음이 없는 이들이 우리를 볼 때, 당연히 그것을 발견할 수 있어야 하지 않을까? 내 안에 계시는 하나님과 내 몸에 피로 새겨진 그 흔적을 세상 가운데 드러내고 나타나는 삶을 말이다. 늘 고마운 유주 언니에게 우리가 만든 녹차와 함께 요한복음 3장 16절의 말씀을 전했다. 그녀와 함께 기쁘게 예배하는 날을 소망해 본다.

🍵 하나님이 세상을 이처럼 사랑하사 독생자를 주셨으니 이는 그를 믿는 자마다 멸망하지 않고 영생을 얻게 하려 하심이라 _요한복음 3:16

서원 기도

우리 가족은 그레이스가 이 땅에 태어
나기 바로 전까지, 중국 대도시에서 십
여 년을 살았다. 지금도 그 땅에는 남편
의 회사와 오랜 선교지가 있다. 선교지
는 우리가 살았던 거주지 및 회사와는
다른 운남성(雲南省)이라는 곳인데 미얀
마, 라오스, 베트남과 인접해 있는 중국
남서부에 위치한다. 지금도 우리 가족
은 제주와 중국을 오가며 선천적인 장
애를 가지고 태어난 아이들과 저소득층
아이들에게 교육 선교를 하고 있다.

그레이스에게 들려주고 싶은 이야기가

중국 운남성의
소학교 아이들

하나 있다.

그레이스가 태어나기 전, 온 가족이 오랫동안 중국에서 살았는데, 남편과 나는 하나님의 말씀을 더 깊이 깨닫고 이해하기 위해 신학을 목적으로 미국 유학을 계획하게 되었다. 틈틈이 미국을 오가면서 긴 준비 끝에 드디어 원하는 신학교의 입학을 앞두고 있었다. 중국에서 함께 외국인 예배를 섬겼던 목사님께서 몇 해 먼저 떠나 그곳에 정착해 계셨기에, 자녀들의 학교를 선정하는 것과 집을 구하는 일 등의 많은 도움을 받을 수 있었다. 그때까지만 해도 모든 것이 순조로웠고, 마지막으로 항공권 예약만이 남아 있었다. 그런데 예상치 못한 일이 발생했다. 비자에 필요한 유학 서류 및 기타 입국 서류가 완벽하게 구비됐음에도 불구하고 영사관에서 우리 가족의 입국을 불허한 것이다. 비자 문제가 발생하리라고는 예측조차 못했기에 무척 당혹스러웠다. 유학을 준비해 온 시간과 정성에 비해 비자가 심사되어 우리 앞에 통보되기까지의 시간은 너무나도 짧았고, 그것은 적잖은 충격이었다. 결국 여러 가지 정황상 중국으로부터 귀국을 해야 했다. 그리고 한국 문화는 물론 언어마저 서툴던 자녀들이 염려되어 우리는 여러 생각 끝에 이 땅 제주를 선택했다.

그런데, 미국의 입국 불허보다 놀라운 것은 바로 그해 봄에 그레이스가 태어났다는 사실이다. 만약 그날 영사관에서 가족의 입국을 허가했다면 우리는 그레이스를 품에 안을 수 없을지도 모르는 일이었다. 물론 당시에는 하나님의 뜻을 알 수 없으니 무척 상심이 컸다. 기도하며 오래 준비해 온 신학의 길을 왜 막으셨을까 의아할 뿐이었다. 하지만 가족 모두는 언제라도 가장 좋은 것을 주시는 하나님이심을 알기에 속상했던 마음에서 속히 벗어나 다시금 제주와 중국을 오가며 사업과 선교를 이어 나갔다. 그때 깨닫게 된 말씀이다.

형통한 날에는 기뻐하고 곤고한 날에는 되돌아보아라 이 두 가지를 하나님이 병행하게 하사 사람이 그의 장래 일을 능히 헤아려 알지 못하게 하셨느니라 _전도서 7:14

그 후 서서히 제주에 적응해 가고 있을 무렵, 어느 새벽예배 가운데 하나님께서 나의 가슴을 여러 차례 노크해 오셨다. 그리고 가슴 깊이 새겨 두었던 오랜 기도 하나를 떠올리게 하셨는데, 그것은 청년 시절에 올려 드렸던 서원 기도였다.

"엄마가 없는 아이들과 아픈 아이들을 위하여 살겠습니다."

믿음으로 살아가는 이들에게는 이렇듯 무엇하나 우연인 것이 없다. 모든 일이 하나님의 뜻 가운데 성취되고 있는 과정일 뿐이다. 우리 가족에게 그레이스가, 또 그레이스에게 지금의 가족이 없는 삶을 어떻게 상상할 수 있을까? 하나님께서는 그레이스를 모태에 만드시기 이전부터 우리 가정의 오늘을 예비하고 계셨을 것이다. 살아가다 보면 당장은 이해할 수 없는 힘겨운 일을 만날 때가 있다. 그러나 우리는 절대 그 순간의 형편과 삶의 모양을 원망해서는 안 된다. 믿음으로 기도하고 오래 인내해 온 일 일지라도 마찬가지이다. 당장은 믿을 수 없는 상황이 펼쳐질지라도 우리 하나님 아버지께서는 우리에게 항상 가장 좋은 것을 주시는 분이심을 신뢰해야 한다. 예수님께서 말씀하셨다.

> 🌿 너희가 악한 자라도 좋은 것으로 자식에게 줄 줄 알거든 하물며 하늘에 계신 너희 아버지께서 구하는 자에게 좋은 것으로 주시지 않겠느냐 _마태복음 7:11

하나님께서는 가족의 오랜 기도의 응답을 유학의 길보다 더 크고 가치 있는 '한 생명을 품에 안는 거룩한 축복'으로 바꾸어 주셨다. 나는 남편과 나의 신학 공부의 결실보다, 같은 해에 태어나 반드시 우리의 품에서 자라야 했던 그레이스의 삶에 더욱 크고 놀라운 하나님의 뜻이 있을 줄 믿는다.

"하나님의 보배로운 딸, 그레이스! 온 가족이 함께 그 뜻을 이루며 살아가자!"

> 🌿 사람이 마음으로 자기의 길을 계획할지라도 그의 걸음을 인도하시는 이는 여호와시니라 _잠언 16:9

여름 정원

아픔의
상처
가지치기

라벤더 향기 주머니

향기와 기도를 담은
라벤더 향기 주머니

그레이스의 첫 번째 추수감사절 때 나의 오랜 친구인 별이가 보내 준 선물 상자에는 린넨 소재의 아기 세례복과 라벤더 향기 주머니, 그리고 라벤더 쿠키 레시피가 함께 들어 있었다. 나중에 알게 되었는데, 라벤더를 담은 그 주머니는 별이가 50년 가까이 고이 간직해 온 본인의 베넷저고리로 만든 것이었다. 그레이스를 이렇게나 아끼고 사랑해 주는 별이에게 얼마나 고마웠는지 모른다. 선물 상자를 열자마자 풍겨 나오던 라벤더의 향기에 나는 한참이 지난 어느 해의 보랏빛 여름이 떠올랐다. 마치 마르셀 프루스트(Marcel Proust)의 소설 『잃어버린 시간을 찾아서』의 주인공이 마들렌의 냄새를 맡으며 어린 시절을 회상하듯, 후각적 자극으로 인해 기억 저편에 숨어 있던 어느 한순간이 갑작스레 떠오른 것이다.

프랑스 남부 프로방스의 발랑솔(Valensole)에는 매년 5km에 달하는 라벤더 밭이 펼쳐진다. [그곳과 가까운 곳에 화가 폴 세잔(Paul Cezanne)의 고향 엑상프로방스(Aix-en-Provence)가 있다.] 그러나 그해 8월 초 내가 발랑솔에 도착했을 때는 아쉽게도 초록의 밑동만이 남겨져 있었다. 끝이 보이지 않는 아득히 먼 곳에서부터 오렌지빛 노을과 보랏빛 대지가 하늘과 땅으로 포개져 오는 풍경만을 상상해 온 나로서는 그 허무한 마음을 감출 길이 없었다. 그런데 아쉬운 마음으로 돌아서려던 그때, 보랏빛 카펫이 걷힌 그 황량한 들판 어딘가에서 바람에 휘감긴 아주 짙은 향기가 내게 몰려 들어오기 시작했다. 찰나의 순간 내 몸의 안과 밖은 마치 보라색 꽃물이 뚝뚝 떨어질 듯 흠뻑 젖어들었고, 나는 그 향기만으로도 충분히 황홀했다.

그레이스가 등원한 후에 나는 아이의 작아진 여름 스커트 두 벌과 나의 여름 원피스 한 벌, 그리고 별이가 선물해 준 그레이스의 작아진 세례복을 이용해 우선 서른다섯 개의 주머니를 만들었다. 물론 별이에게 먼저 물어보았다. 그레이스에게 선물한 세례복으로 라벤더 향기 주머니를 만들어도 좋을지 말이다. 본인의 베넷저고리처럼 그 세례복이 누군가에게 감동을 줄 수 있다면, 옷장 깊숙한 곳에 간직하는 것보다 더욱 의미가 있겠다며 그녀도 기뻐했다.

오늘 그레이스가 집으로 돌아오면, 사흘 전에 미리 수확해서 잘 건조해 둔 잉글리쉬 라벤더를 함께 채워 넣을 것이다. 라벤더는 맑은 날 정오에서부터 오후 4시 사이에 수확하는 것이 가장 좋은데, 한낮에 가장 많은 정유와 향기를 품고 있기 때문이다. 라벤더의 정유 성분은 크게 네 가지로 구분할 수 있다. 리나릴(Linaly), 리나롤(Linalool), 캠퍼(Camphor), 시너올(Cineloe)이 그 것이다. 퀴퀴한 향기를 풍기는 캠퍼라는 성분은 다행히 1%에 불과하다. 프렌치 라벤더를 비롯한 다른 계열의 라벤더에서 쑥향이 짙은 이유는 바로 캠퍼 때문인데, 유일하게 식용이 가능한 잉글리시 라벤더는 짙은 향기 및 안정과 항염 작용을 돕는 리나릴, 항균과 면역력에 도움이 되는 리나롤 등을 더 많이 함유하고 있으니 염려하지 않아도 된다.

그레이스와 함께 만들게 될 향기 주머니는 중국 운남성(雲南省)에 있는 장애인 소학교 친구들에게 전할 것이다. 그 가운데 특별히 시각 장애가 있는 친구들의 손에 그 향기를 쥐어 주고 싶다. 그들은 아름다운 봄의 들판에 서 있으면서도 그 꽃의 향기가 어디에서부터 날아오는지 볼 수도, 만질 수도 없을 테니 말이다.

향기 주머니를 만들며 그레이스도 깨닫게 되기를 바란다. 하나님께서 우리에게 두 눈과 두 귀, 두 팔과 두 다리를 주신 것은 오롯이 나 자신만을 위한 것이 아니라는 것을, 그것 가운데 하나씩은 연약한 이웃과 함께 사용하라 하신 것임을 말이다. 예수님은 이웃 사랑을 매우 중요하게 생각하셨다. 우리는 성경 곳곳에서 가난하고 아픈 사람들 곁을 지켜셨던 예수님과 만날수 있다. 그분은 이렇게 명령하셨다.

🌿 둘째는 이것이니 네 이웃을 네 자신과 같이 사랑하라 하신 것이라 이보다 더 큰 계명이 없느니라 _마가복음 12:31

🌿 온 율법은 네 이웃 사랑하기를 네 자신같이 하라 하신 한 말씀에서 이루어졌나니 _갈라디아서 5:14

오후에 향기 주머니를 모두 만들고 나면, 아직 수확하지 않고 남겨 둔 라벤더를 이용해서 쿠키도 만들어 봐야겠다. 재료를 준비해야 하니 오랜만에 꺼내어 읽어 본다.

① 수확한 잉글리시 라벤더의 꽃과 잎을 쫑쫑 썰어 잘 섞어 둔다.
② 박력분에 베이킹파우더와 소금을 한 꼬집 넣고 채에 올려 두어 번 흔들어 친다.
③ 실온의 버터에 설탕을 넣고 거품기를 사용해 충분히 젓다가 계란을 넣고 크림화시킨다. (이때 바닐라 추출물을 조금 넣어도 좋다.)
④ 2와 3을 섞어 반죽하여 랩으로 덮고 냉장고에 20분간 둔다.

⑤ 원하는 모양을 만들어 오븐 판에 올리고 설탕을 뿌린다.

⑥ 180℃로 10분간 예열한 오븐에 놓고 20분간 굽는다.

라벤더처럼 꼭 허브의 종류가 아닐지라도 대부분의 꽃은 저마다의 향기가 있다. 물론 모든 꽃이 달콤한 향기를 내지는 않는다. 때론 지독한 향을 발산시켜 불쾌감을 주거나 아무런 향기가 나지 않는 꽃들도 많으니 말이다.

나와 그레이스의 삶에서는 어떠한 향기가 날까? 라벤더 향기처럼 코와 입으로 들어온 내음이 손끝과 발끝, 그리고 머리끝까지 전해져 누군가에게 안정과 쉼을 주는 '위로의 향기'라면 참 좋겠다.

🌿 항상 우리를 그리스도 안에서 이기게 하시고 우리로 말미암아 각처에서 그리스도를 아는 냄새를 나타내시는 하나님께 감사하노라 _고린도후서 2:14

꽃가루받이

크로커스의 향기에
취한 꿀벌

사람들이 내게 자주 물어보는 말이 있다. "왜 그 나이에 또 대학을 갔나요?" 하는 것이다. 그도 그럴 것이 나의 원예학과 학번은 우리 큰아이의 대학 학번과 같다. 자녀와 같은 또래들과 동등하게 본과 수업을 듣고 실습을 마쳤으며 논문을 썼다. 요즈음은 많은 사람들이 취미로 가드닝(gardening)을 하고 그에 따른 정보들이 많다. 또 조금만 찾아보면 어렵지 않게 공부할 수 있는 기관들도 많으니 나 또한 그들의 의문이 당연시 느껴지기도 한다.

집 안에는 하나, 둘 화분이 늘어나기 시작하고 정원 역시 다층으로 물결치는 여러해살이 풀숲과 작게나마 어렵게 자생하는 야생화 화단까지 만들어 놓았지만, 그것으로는 무언가 부족함이 느껴졌다. 시간이 지날수록 다채롭고 멋스러운 꽃과 화단을 소유하는 것보다, 더 깊이 꽃을 궁구하고 싶은 나를 발견했다. 그것은 "나는 꽃 때문에 화가가 된 것 같다."라고 말했던 클로드 모네(Claude Moner)의 고백만큼이나 진지했다. (모네는 꽃을 통해서 더 깊은 색채의 세계로 들어갈 수 있었다고 한다.)

나 역시 처음에는 무작정 꽃이 좋았다. 장미꽃을 받고 사랑에 빠진 100명의 여인들 가운데 단 17명 정도만 진실된 사랑을 하고 나머지 80명이 넘는 여인들은 다음 날 모두 제 정신을 차린다고 할 만큼, 꽃은 색깔도 향기도 굉장히 매력적이니까…. 언젠가 그레이스도 내게 물어왔다. "엄마, 왜 내 원피스와 양말, 그리고 가방에까지 모두 꽃무늬가 있어요?"하고 말이다. 그런데 우리 그레이스가 모르는 것이 하나 더 있다. 그레이스의 속옷을 자세히 들여다보면 거기에도 온통 잔꽃들이 숨어 있다.

그렇게 꽃을 좋아하는 엄마 곁에서 성장했기 때문일까? 요즈음 그레이스가 가장 궁금해하는 것도 바로 꽃가루받이, '수분(pollination受粉)'에 관해서이다. 그럴 법도 한 것이, 어느 날 갑자기 텃밭에 피어 있던 노란 꽃들이 한꺼번에 사라지고 그 자리마다 주렁주렁 호박이 달렸으니 얼마나 신기했을까?

수술이 암술머리에 닿아 씨앗이 맺히도록 하는 것을 바로 '꽃가루받이'라고 한다. 꽃은 꽃잎, 꽃받침, 암술, 수술로 이루어져 있고, 이 가운데 씨앗을 만들어 내는 것은 암술과 수술이다. 수술은 꽃밥과 수술대로 이루어져 있는데 이 꽃밥에서 꽃가루가 만들어진다. 꽃가루는 암술머리에 닿으면 암술대를 따라 씨방으로 내려가서 그 안에 있는 밑씨와 만나고, 씨방은 그때부터 일을 시작한다. 바로 씨방 안에 있는 밑씨를 성숙시키는 일인데 성숙한 밑씨만이 자손을 퍼뜨릴 능력을 갖게 되기 때문이다. 우리가 알고 있듯이 이 모든 과정은 생명체를 창조하신 하나님의 섭리이다.

> 🌑 하나님이 이르시되 땅은 풀과 씨 맺는 채소와 각기 종류대로 씨 가진 열매 맺는 나무를 내라 하시니 그대로 되어 땅이 풀과 각기 종류대로 씨 가진 열매 맺는 나무를 내니 하나님이 보시기에 좋았더라 _창세기 1:11~12

그렇다면 어떻게 꽃가루가 암술머리에까지 전해질까? 그것은 외부의 매개자들을 통해서이다. 그 방법에 따라 충매화(蟲媒花), 풍매화(風媒花), 조매화(鳥媒花), 수매화(水媒花)로 나뉜다.

충매화는 나방과 나비, 그리고 벌과 같은 곤충들로 인해 꽃가루가 배달되는 꽃들을 말한다. 특별히 나방과 나비는 긴 주둥이, 벌은 긴 혀를 이용하여 꿀샘에 있는 화밀을 먹는데 그때 끈적한 꽃가루가 곤충의 온몸에 달라

붙고 그것을 묻힌 채로 이 꽃에서 저 꽃으로 다니며 운반을 돕는 것이다. 대체로 많은 꽃들이 충매화에 속한다. 풍매화는 소나무처럼 바람에 의하여 도움을 받는 꽃들이다. 이러한 꽃들의 꽃가루는 매우 가볍고, 구조적으로 아주 멀리까지 날아갈 수 있다. 꽃가루를 대량으로 만드는 데 온 에너지를 쏟는 대신 화려한 꽃잎이나 맛있는 꿀은 만들지 않는데, 곤충의 도움 없이도 씨앗을 퍼뜨릴 수 있기 때문이다. 조매화는 새들의 도움을 받는 꽃들이다. 대부분의 새들은 눈의 발달에 비해 냄새는 잘 맡지 못하기 때문에, 조매화의 꽃들은 멀리서도 한눈에 띄는 붉은빛이 많고 향기 없는 것들이 대부분이다. 바로 동백꽃처럼 말이다. 마지막으로 물속에 사는 식물들 가운데 물의 도움으로 꽃가루를 옮기는 꽃들을 수매화라고 한다. 수꽃에 있던 꽃가루가 물에 둥둥 뜨거나 물속으로 가라앉아서 암꽃을 만나 꽃가루받이가 된다.

이렇듯 하나의 열매를 손에 얻기까지는 여러 매개체의 수고로움이 있어야 한다. 그것은 하나의 생명이 잉태되어 이 땅으로 보내지기까지의 부모의 수고와 매우 닮아 있다. 하지만 꽃가루받이의 과정보다 더 중요하게 여겨져야 할 것이 있다. '어떠한 방법으로 꽃이 되었는가?'보다 중요한 것은 '어떠한 꽃이 되어야 하는가?'일 것이다. 그렇다. 출생의 과정과 가족의 형태보다 중요한 것은 우리가 '어떠한 사람으로 살아가야 하는가?'이다. 입양을 포함한 다양한 가족의 형태(재혼 가족, 한부모 가족, 조손 가족, 다문화 가족 등) 속에서 살아가는 모든 이들이 잊지 않기를 바란다. 우리는 다를 뿐이지 전혀 틀리지 않았다는 것을 말이다. 그레이스가 좋아하는 국악 동요가 하나 있다. 흥얼거리는 노랫말을 옆에서 가만히 듣다가 아이를 꼬옥 안아 주었던 기억이 있다.

모두가 꽃이야 (류형선 사 · 곡)

산에 피어도 꽃이고 들에 피어도 꽃이고

길가에 피어도 꽃이고 모두 다 꽃이야

아무 데나 피어도 생긴 대로 피어도

이름 없이 피어도 모두 다 꽃이야

봄에 피어도 꽃이고 여름에 피어도 꽃이고

몰래 피어도 꽃이고 모두 다 꽃이야

아무 데나 피어도 생긴 대로 피어도

이름 없이 피어도 모두 다 꽃이야 모두가 꽃이야

여러 매개자를 통하여 꽃가루가 암술머리에 닿아 열매가 맺히듯, 지금 이
땅에도 믿음이 없는 이들과 예수 그리스도를 연결하는 복음의 메신저가 필
요하다. 복음의 천리향, 백리향이 되어 이 땅을 예수 그리스도의 향기로 물
들이는 그레이스가 되기를 기도한다.

🖤 영접하는 자 곧 그 이름을 믿는 자들에게는 하나님의 자녀가 되는 권
세를 주셨으니 이는 혈통으로나 육정으로나 사람의 뜻으로 나지 아
니하고 오직 하나님께로부터 난 자들이니라 _요한복음 1:12-13

데드헤딩
(dead heading)

장미의 꽃잎을 물끄러미
바라보는 그레이스

그레이스가 곤히 잠든 밤, 나는 장미 향기 흩어진 밤비 내음에 취해 정원으로 나왔다. 보슬보슬 장미비가 내리는 여름밤의 유혹을 무엇으로 이길 수 있을까? 이브 피아제, 영 리시더스, 더 필 그림, 루즈 루아얄… 우리 집 정원에는 유난히 정신을 아찔하게 할 만큼의 강한 향을 지닌 장미꽃이 많다. 오늘 밤은 그 가운데 몰약과 올드 로즈의 아주 기품 있는 꽃비가 내리고 있다. 나는 정원에서 가장 높은 돌 테이블 위로 올라가 저 멀리 애월 밤바다를 바라보았

너의 심장소리
여름 정원 – 아픔의 상처 가지치기

다. 밤하늘이 쏟아 놓은 달빛마냥 넘실대며 춤추는 고깃배의 등불들이 참 아름답다.

지금 여름 정원은 '데드헤딩(dead heading)'을 해주는 시기이다.

데드헤딩이란, 한껏 만개한 꽃들 사이사이에 이미 시들어 버린 꽃이나 잎들을 떼어 내고 잘라 주는 작업을 말한다. 불필요한 종자를 제거하는 것 역시 포함된다. 시든 꽃들 아래로 새롭게 피어날 봉오리들이 기다리고 있기에 오래 미뤄 둘 수 없는 작업이다. 시든 꽃들을 정리하면 다음 꽃이 피어나는 기간이 단축될 뿐 아니라, 병충해의 방제 측면에서도 매우 이롭고, 종자가 흩날려 원치 않는 곳에 식물이 번무(繁茂)하는 것을 막을 수 있다. 특히 장미는 데드헤딩의 효과가 가장 큰 식물이기에 제때의 작업만으로도 봄부터 늦여름까지 계속해서 새로운 꽃들을 감상할 수 있다.

'어쩌면 우리 삶에도 데드헤딩이 필요하지 않을까?'

데드헤딩을 위해 화단으로 들어가 허리를 숙일 때마다 나는 이 같은 생각을 하곤 했다. 우리의 기억 저편에 숨어 여전히 우리를 의기소침하게 하고 아프게 하는 것이 있다면, 과감하게 떼어 내고 잘라 주는 것이 이로울 테니 말이다. 정신과 의사이자 심리 치료사인 수 스튜어트 스미스(Sue Stuart-Smith)는 그의 저서 『정원의 쓸모』에서 분노, 애통, 좌절을 승화시키거나 창조적으로 표출하는 방법 가운데 하나가 '원예'라고 설명했다. 흙을 파고, 가지를 치고, 잡초를 뽑는 일이 모두 파괴를 통해 성장을 북돋는 돌봄의 형태이기 때문이다.

그레이스가 아직 심장 수술을 하기 전, 약해만 보이던 그레이스를 유난히 괴롭혔던 같은 반 친구가 있었다. 여러 개의 머리핀과 가방에 달아 준 인형까지 빼앗아 갔던 그 친구는 한동안 그레이스의 꿈속에까지 찾아가 아이를 괴롭히곤 했다. 다행히 일곱 살이 되어 둘은 반이 나뉘었고, 특별히 마주칠 일이 많지 않았는데도 그레이스는 그 친구가 떠오를 때면 어김없이 눈물을 보였다. 그해 여름, 나는 그레이스와 함께 데드헤딩 작업을 했다. 그 시간을 통해 자기 마음을 깊이 들여다보고 여전히 그 친구로 인한 아픔이 남아 있다면 멋지게 떼어 내고 잘라 주기를 바라는 마음에서였다.

"그레이스, 아직도 그 친구를 생각하면 속상하니?"
"네⋯. 아빠가 출장 중에 사다 주신 핀과 인형이었는데 이제 사라지고 없으니까요⋯."
"그래, 우리 그레이스가 많이 속상했겠구나⋯."

우리는 작업을 이어 가며 계속해서 예수님의 이야기를 나누었다.

"그레이스, 예수님은 형제가 죄를 범하면 몇 번이나 용서해 줘야 하냐고 묻는

베드로에게 일곱 번을 일흔 번까지라도 용서해야 한다고 말씀하셨어. 그 말은 곧 끝없이 용서해야 한다는 의미란다. 그리고 예수님은 바리새인과 죄인들의 친구이기도 하셨어. 하나님에 대한 잘못된 이해를 가지고 위선적인 삶을 살아가던 바리새인과도 함께 식사하시고, 부정한 여인의 행동에도 너그러이 그녀를 용서하셨지."

그레이스는 시든 꽃 가지가 가득한 바구니를 바라보며 가만히 고개를 끄덕였다. 그리고는 아주 작은 목소리로 말했다.

"네에, 엄마. 미워하지 않을게요. 예수님처럼…."

가위를 내려놓고 그레이스를 힘껏 안았다. 눈물이 흘렀다. 나는 종종 그레이스가 조금 더 건강한 아이였다면, 제 생각을 단호하게 말 할 수 있는 당찬 아이였다면 얼마나 좋을까 생각하곤 했었다. 하지만 오늘 문득, '이렇게 약하고 여리니 내게 보내셨지…. 세상 수많은 그레이스들을 위해 기도하라고 내게 보내셨지….' 하는 생각이 들어 가슴이 뭉클했다. 이번에는 나의 눈물을 눈치챈 그레이스가 엄마를 힘껏 안아 주었다.

🖐 누가 누구에게 불만이 있거든 서로 용납하여 피차 용서하되 주께서 너희를 용서하신 것 같이 너희도 그리하고 _골로새서 3:13

서로 친절하게 하며 불쌍히 여기며 서로 용서하기를 하나님이 그리

스도 안에서 너희를 용서하심과 같이 하라 _에베소서 4:32

강아지 똥

햇살이 따사로워 조금 늦게 알아차렸다. 오전 내 뿌리 깊은 잡초들을 모두 뽑았으니 그저 땀이 흐르는 줄로만 알았다. 잠시 잔디에 앉아 쉬어 가는데 순간 나의 등이 젖어 들었고, 그것은 나에게 기대어 흘린 우리 그레이스의 눈물이었다.

"그레이스, 왜 울고 있니?"
"엄마, 민들레는 뽑으면 안 돼요. 돌이네 흰둥이 똥이 슬퍼해요."

"민들레야, 내가 지켜 줄게."

뽑아 놓은 민들레꽃 더미를 한번 보고,

아이의 눈을 한번 보고 한참을 생각했다. '돌이는 누구고, 흰둥이는 누구고, 똥은 또 뭐지?' 엄마의 갸우뚱함을 물끄러미 바라보던 그레이스는 그제야 자기 눈물의 의미를 이야기했다.

> "엄마, 하나님이 비와 햇볕을 내려 주셔야 민들레 잎이 피어나고, 강아지 똥이 있어야 꽃이 피어나는 거예요. 민들레꽃에게 강아지 똥이 거름이 되어 주었거든요."

아! 그것은 그레이스가 가장 좋아하는 동화책의 이야기였다. 자신이 아무짝에도 쓸데없는 하찮은 존재라고 믿었던 강아지 똥이 민들레에게 거름이 되어 꽃을 피우게 했다는 너무도 사랑스럽고 감동스러운 이야기이다.

나는 눈물을 흘리면서까지 민들레꽃을 지키고 싶어 하던 그레이스의 맑은 눈동자에서, 소행성 B612에 살던 어린왕자가 우주를 탐험하던 중 여섯 번째 별에서 만났던 지리학자와의 대화가 떠올랐다. 일시적이며 곧 사라질 존재인 꽃에 대해서는 어떠한 것도 기록하지 않는다는 지리학자의 단호함에 어린왕자는 "내 꽃은 일시적인 존재였구나! 내 꽃은 겨우 네 개의 가시로 세상에 맞서 자신을 지켜 내야 해. 그런 꽃을 홀로 남겨 두고 왔다니…." 라고 말하며 도리어 별을 떠나온 뒤 처음으로 후회를 한다.

나는 그레이스와 어린왕자에게서 누군가에게는 하찮을 수 있는 존재가 또 다른 누군가에게는 이토록 소중할 수 있음을 다시 한번 깨닫게 되었다.

그날 이후, 나는 맹렬한 기세로 정원을 망가뜨리는 넝쿨성 풀을 제외하고는 그 어떠한 잡초도 쉬이 뽑지 않았다. 어차피 나와 가족이 원하는 정원은 프랑스의 정원사 자크 모레(Jacques Mollet)의 그 멋스러운 자수 화단도, 이탈리아의 마조레 호수(Lago Maggiore)에 떠 있는 이졸라 벨라(Isola Bella)와 같이 화려하게 장식된 바로크 정원도 아니다. 비록 잡풀과 돌무더기들이 어수선하게 얽혀 있고, 고사리와 같은 양치류와 이끼류가 숲을 점령하여 다소 으스스할지라도 사람의 때가 묻지 않은 제주의 곶자왈과 같은 정원이기 때문이다.

어느덧 정원에는 초록 캔버스 위에 노란 물감이라도 흩뿌려진 듯 민들레꽃이 사방으로 퍼져 가고 있었고, 바람이라도 불면 비눗방울처럼 몽글한 풀씨들이 안개처럼 떠다녔지만 그냥 두었다. 잡초가 내 눈에 거슬리는 것보다 민들레꽃을 향한 그레이스의 마음이 더욱 소중하기 때문이다. 들풀처럼 순수한 그레이스의 마음을 생각하니 오래전부터 사모했던 찬양이 하나 떠올랐다.

들풀에 깃든 사랑 (노진규 사·곡)

오늘 피었다 지는

들풀도 입히는 하나님

진흙 같은 이 몸을 정금 같게 하시네

푸른 하늘을 나는

새들도 먹이는 하나님

하물며 우리랴 염려 필요 없네

우리 마음속 깊은 그곳에 영혼을 내리신 주

죽음 이기신 영원한 생명을

약속하시었네

"그레이스, 너의 시선으로 잡초를 바라볼 수 있게 해줘서 고마워. 그레이스처럼 들풀들의 눈높이에서 세상을 바라보고 또 생각하는 엄마가 되어 볼게. 사실 그 낮은 마음은 예수님께서 사랑하는 마음이란다. 예수님도 가난한 이들에게 먹을 것을 나누어 주시고, 그들의 병을 고쳐 주시면서 항상 그들과 함께 하셨거든."

🌿 여호와께서 사무엘에게 이르시되 그의 용모와 키를 보지 말라 내가 이미 그를 버렸노라 내가 보는 것은 사람과 같지 아니하니 사람은 외모를 보거니와 나 여호와는 중심을 보느니라 하시더라 _사무엘상 16:7

수련

"엄마, 연못에 빠졌던 반지를 찾았어요!"

"정말? 어떻게?"

"반지가 노오란 꽃으로 피어났어요!"

"?......"

반지가 되어 피어난
노랑어리연꽃

우리는 지난달에 여섯 뿌리의 수련(睡蓮)과 올망졸망 사랑스럽게 피어나는 노랑어리연을 여러 뿌리 심었다. 7월 중순, 나의 생일 즈음에 꽃이 필 듯하다며 친구 별이가 보내 준 온대성 수련과 유주 언니가 뿌리줄기를 나눔 해 준 노랑어리연들이다. 꽃을 보냈다는 소식을 듣자마자 남편은 정원을 두루 다니며 흙을 모아 주었고, 그레이스와 나는 그것을 물로 개워 진흙을 만들었다.

수련은 촉이 지표면에서 보일락 말락 하게 심고, 심은 뒤 뿌리의 부력으로 다시 떠오를 수 있으니 안전한 활착을 위해 확실히 묻어 주는 것이 중요하다. 동글동글한 튜브가 형성되어 구근 형식으로 번식하는 열대수련과 달리, 온대수련은 옆으로 기어 나가며 뿌리줄기로 번식을 하기 때문에 촉이 연못의 가운데를 향하도록 하여 연못의 가장자리에 심어야 한다.

우리나라에서 볼 수 있는 대부분의 수련은 미국수련(Nymphaea odorata)이다. 물 위에 떠 있는 잎은 난상 원형이며 잎은 중심으로부터 갈라져 있는데, 삼각으로 갈라진 모양이 마치 케이크의 조각 같다. 표면은 녹색이지만 뒷면은 짙은 자줏빛이다.

수련은 '잠자는 꽃'이라는 의미이다. 물속에서 자생하기에 많은 사람들이 '물의 꽃'이라고 생각하기 쉽지만, '물 수(水)' 자를 사용하지 않고 '잠잘 수(睡)' 자를 사용한다. 또한 수련은 연꽃과 서로 교배가 되지 않는 전혀 다른 꽃이다. 한여름에 고혹한 꽃을 피워 내고 연꽃의 열매가 까맣게 익어 가는 때는 9월 즈음이지만, 수련의 열매는 9월과 10월 즈음에 맺힌다. 꽃이 피는 시기도 연꽃은 7월에서 8월이고, 수련은 6월에서 8월까지이다. 마지막으로 연꽃은 꽃과 잎이 모두 물 위로 쑥 올라와 있으니 키가 커 보이고, 반면 줄기와 잎에 공기를 머금은 구멍이 있어 물의 표면에 둥둥 떠 있는 수련은 키가 작아 보인다.

이제 잃어버렸던 그레이스의 반지 이야기를 해봐야겠다. 내가 여섯 개의 수련과 노랑어리연들을 꼼꼼하게 심고 있는 동안, 그레이스도 연못의 한편에서 꽃꽂이 놀이를 하고 있었다. 수련 대신 잡초의 뿌리를 잡고는 진흙 속에 깊숙이 넣고 빼고를 반복했다. 그때까지만 해도 얼마나 신이 나 보였는지 모른다. 그런데 모든 작업을 마치고 허리를 펴려는 순간, 어머나! 그레이스의 손가락에 끼워져 있던 노란 반지가 사라지고 없었다. (그 반지는 그레이스의 단짝 친구 라파엘이 프러포즈를 하며 끼워 준 그레이스의 보물 1호다.) 그레이스는 그렇게 한참을 미동도 않고 반지가 떠난 손가락만을 바라보고 있었다.

그날 이후 한 달이 지난 오늘 아침, 정원을 산책하던 그레이스가 흥분된 어조로 소리치며 들어왔다.

　　"엄마! 연못에 빠졌던 반지를 찾았어요!"

나는 부리나케 뛰어 들어오던 그레이스만큼 놀라 정원으로 나가 보았다. 그런데 반지는 온데간데없고, 이제나 필까 저제나 필까 기다리던 연못에 노랑어리연 하나가 함초롬히 피어 있지 않은가? 한 달 내 기다리던 꽃이라 감동을 할 법도 한데, 나의 마음은 온통 반지에 가 있었다.

"그레이스, 반지가 어디 있다는 거야? 응??"

"반지요? 짜잔~ 여기요! 여기, 노란 꽃으로 피어났잖아요!"

"?……."

너무도 해맑은 표정으로 노랑어리연꽃을 가리키는 그레이스를 보며 처음에는 그저 어리둥절하기만 했다. 그런데 차츰 마음에서 따뜻한 무언가가 울컥이며 올라왔다. 진심으로 반지가 꽃으로 피어났다는 것을 아이가 믿든, 그렇지 않든, 그것은 중요하지 않았다. 그저 우리 그레이스의 마음이 너무 곱고 예뻤다.

나는 가끔 '내가 동화책에서 살고 있는 것은 아닐까?' 하는 생각을 하곤 한다. 수채화로 예쁘게 그려진 우리 집 정원에는 꽃을 심는 엄마와 몽글한 민들레 풀씨 한 줄기를 손에 쥐고 진돗개 올리와 마구 뛰어노는 천사 같은 그레이스가 있다.

🌱 근심하는 자 같으나 항상 기뻐하고 가난한 자 같으나 많은 사람을 부요하게 하고 아무것도 없는 자 같으나 모든 것을 가진 자로다 _고린도후서 6:10

꽃들에게 희망을

주방의 창문 너머로 제 키만한 잠자리 채를 이리저리 휘두르며 신나게 나비를 쫓는 라파엘과 그런 단짝 친구를 열심히 도화지에 그려 주는 그레이스의 모습이 너무도 사랑스러운 오후이다.

나는 아이들과 함께 다식(茶食)을 만들기 위해 나흘 전 장독 위에 널어 두었던 송화 가루를 가지고 들어왔다. 채반에 종이를 깔고 펼쳐 놓은 뒤, 바람에 날아가지 못하도록 보자기로 잘 덮어 두었는데 그간 볕이 좋아 잘 말랐다. 그런데 잠시 아이들에게 물을 건네기 위해 주

청초한
여름 꽃 아이리스

방 창을 여는 순간, 라파엘의 울음소리가 들려왔다.

> "그레이스! 나는 나비의 주둥이만 관찰하고 다시 풀어 주려고 했단 말이야.
> 그런데 네가 채집통 뚜껑을 열어서 모두 날아가 버렸잖아! 으앙~~"
> "라파엘! 나비가 없으면 꽃들도 이 세상에서 모두 사라지게 돼! 그래서 풀어
> 준 거야!"

그레이스는 더욱 큰 소리로 씩씩대며, 트리나 폴러스(Trina Paulus)의 『꽃들에
서 희망을』이라는 책에서 얻었던 교훈을 늘어놓기 시작했다.

> "나비는 이 꽃에서 저 꽃으로 사랑의 씨앗을 날라 준다고 했어. 그래야 이 세
> 상이 꽃들로 가득해진다고. 라파엘! 늙은 애벌레가 들려준 이야기를 벌써 잊
> 은 거야?"
> "그레이스, 나는 꿀을 찾으면 감아 두었던 나비의 주둥이가 길어진다고 해서
> 그게 보고 싶었을 뿐이야. 곧 풀어 주려고 했다고! 으앙~~"

나는 그레이스에게 『꽃들에서 희망을』이라는 책을 열 번 가까이 읽어 주었
는데, 그때마다 내 마음에도 감동을 주었던 늙은 고치의 이야기가 있다. 노
란 애벌레가 생각에 잠긴 얼굴로 묻는다. "어떻게 하면 나비가 되죠? 죽어
야 한다는 뜻인가요?" 늙은 꼬치는 말한다. "그렇기도 하고, 아니기도 하
지. 겉모습은 죽은 듯이 보여도 참모습은 여전히 살아 있단다. 삶의 모습은

바뀌더라도 목숨이 없어지는 건 아니야. 나비가 되어 보지도 못하고 죽은 애벌레들과는 다르단다."

나는 늙은 고치의 이야기가 꼭 예수님의 목소리 같았다. 하나의 애벌레로 사는 것을 기꺼이 포기하고 스스로 단단한 고치 속에 들어가야만 비로소 나비가 될 수 있듯이, 우리의 자아가 죽어야 진정한 그리스도인으로 다시 거듭날 수 있다는 성경 속 이야기처럼 들렸기 때문이다.

반나절을 해 아래에서 놀며 햇살도 묻고 흙도 묻은 아이들을 씻긴 후, 다식을 만들기 위해 우리는 마주 앉았다. 다식을 만드는 과정은 많은 시간과 정성을 필요로 한다. 우선 채취한 송화 가루를 잘 말려 고운체에 내린 후 물을 붓고 잘 저어 둔다. 두어 시간이 흐른 뒤 깨끗한 접시의 바닥을 그것 위에 올렸다가 들어 올리면 신기하게도 송화만이 접시에 묻어 나오는데, 그 것을 모아 바람이 없는 곳에 펼쳐 말리면 이렇게 바로 반죽해서 먹을 수 있는 가루가 완성되는 것이다. 물론 요즈음은 위의 과정을 생략하고 바로 반죽해서 먹을 수 있는 가루를 어렵지 않게 구할 수 있다. 하지만 조금 번거롭더라도 내가 옛 방식을 선택하는 것은, 내 어머니에게서 배운 방식 그대로를 그레이스에게도 가르쳐 주고 싶기 때문이다.

그레이스와 라파엘은 가루에 꿀을 섞어 반죽하는 것을 도왔다. 반죽하면서 코를 비비는 그레이스와 머리를 긁적이는 라파엘을 보았다. 꿀과 함께 다른 양념들(?)이 더 첨가되었을지도 모르는 일이었다. 그 후 한 시간 정도의 숙성을 마치고 드디어 틀에 찍는 시간이 되었다. 나는 유주 언니의 친정어머님께 빌려 온 꽃 모양의 다식판, 라파엘은 공룡 모양의 쿠키 틀, 그레이스는 꽃과 나비 모양의 쿠키 틀을 선택했다.

> "라파엘, 아까는 내가 소리쳐서 미안해. 내가 너의 나비를 모두 날려 버렸으니, 가장 예쁘게 만든 이 나비는 너 줄게."
> "괜찮아, 그레이스. 어차피 채집통에서는 나비의 주둥이를 볼 수 없었으니까. 나도 가장 처음 만든 공룡은 너 줄게."

아이들은 다식을 모두 만든 후 가족과 친구들에게 나누어 주기 위해서 예쁘게 포장을 했다. 그 가운데는 나에게 주는 것도 있었는데, 사실 나에게 선물한 다식은 슬그머니 포장을 풀러 다른 봉투 속에 더해 넣었다. 아이들의 제조 과정을 모두 지켜본 나로서는 도저히 먹을 수가 없기 때문이었다. 하하하.

어느덧 우리의 하루가 저물어 가고 있었다. 우리는 다식을 나누어 먹으며 늙은 고치의 이야기와 함께 갈라디아서 2장의 말씀을 한 절씩 나누어 읽어 보았다.

❈ 내가 그리스도와 함께 십자가에 못 박혔나니 그런즉 이제는 내가 사는 것이 아니요 오직 내 안에 그리스도께서 사시는 것이라 이제 내가 육체 가운데 사는 것은 나를 사랑하사 나를 위하여 자기 자신을 버리신 하나님의 아들을 믿는 믿음 안에서 사는 것이라 _갈라디아서 2:20

인생 후르츠

바람이 불면 낙엽이 떨어진다.

낙엽이 떨어지면 땅이 비옥해진다.

땅이 비옥해지면 열매가 여문다.

차근차근 천천히

차근차근 천천히

우리집의 작은 새들을 위한
옹달샘

너의 심장소리

여름 정원 – 아픔의 상처 가지치기

그레이스가 잠든 후 마멀레이드처럼 상큼하고, 막 구워 내 식탁에 올린 다랑어처럼 따뜻한 영화 한 편을 보았다. 90세 할아버지와 87세의 할머니가 숲과 같은 정원에서 행복하게 살아가는 모습을 담은 일본 다큐멘터리 〈인생 후르츠〉이다. 후시하라 켄시 감독의 작품인데 얼마나 심취해서 보았는지, 마치 90분이라는 시간 동안 순간이동을 하여 그 분들과 함께 감자를 캐고, 꽃을 심고, 거름을 주고 돌아온 듯한 기분이다.

유능한 건축가인 슈이치 할아버지는 처음에는 도시 개발 사업에 참여하여 기획과 설계를 맡아 왔지만, 자연 친화적인 도시를 만들고자 했던 본인의 계획이 무산되면서 과감히 그 일을 내려놓으셨다. 대신 그 땅의 일부를 사들여 다시 뜻이 맞는 사람들과 함께 부지런히 나무를 심고 가꾸어 결국 바람이 오가는 길을 품은 숲을 조성하고, 자연과 공존하며 살아갈 수 있는 도시를 만드셨다.

그리고 '결혼을 하면 남편을 가장 먼저 생각해야 하고, 남편에게 제대로 된 것을 입히고 제대로 된 것을 먹여야 한다. 그래서 남편이 좋아지면 결국 그 모든 것이 나에게 돌아온다.', '여자는 미소를 잃지 말아야 한다.' 등의 유교적 가르침을 받고 자란 히데코 할머니는, 언제나 상냥한 미소로 부지런히 집안을 돌보고 할아버지를 위한 음식을 만드셨다. 할머니의 냉장고에는 여름밀감으로 만든 잼과 얼린 파인애플과 채소, 토마토주스, 콩국, 소고기뭇국까지 손수 재배하신 작물들로 만든 저장 음식들이 가득하다. 그래서 추운 겨울날에도 할아버지의 밥상에는 그것들로 만든 예쁜 디저트가 항상 올려졌다. 낡은 나무 식탁 위에 올려진 하얀 크림 케이크가 얼마나 달콤해 보이던지…. 그것도 빠알간 딸기가 올려진 생크림 케이크였으니 말이다.

할머니가 장을 보기 위해 단골 생선 가게에 들르신 날, 가게 주인은 할아버지가 보내 주셨다며 여러 장의 엽서를 꺼내 보인다. 그 엽서에는 이 가게에서 구매한 재료들로 할머니가 직접 만들어 주신 음식의 그림과 짧은 메시지가 담겨 있었다. 할머니께서 물건을 사 가시면 그날로부터 3일 뒤 즈음 반드시 엽서가 도착한다고 한다. '초밥을 먹고 기운이 났습니다.', '고마워요. 맛있었습니다.' 등의 감사와 격려의 메시지이다. 나는 이 장면을 보며 슈이치 할아버지가 참 멋지다고 느꼈다. 물론, '그 예쁜 엽서에 하나님의 말씀과 복음의 메시지가 더해졌더라면, 얼마나 더 가치 있고 소중한 도구가 되었을까?' 하는 아쉬움은 있었지만….

무화과, 매화, 옥수수, 감자, 죽순, 귤, 때죽나무, 서어나무, 작약…. 물론, 오색으로 수놓인 조각보처럼 잘 짜인 정원은 아니지만 모든 식물과 열매들이 할아버지와 할머니의 사랑을 먹고 자라 매우 건강한 모습이다. 더구나 정원의 곳곳, 각 작물 앞에는 할아버지께서 손수 만드신 너무도 사랑스러운 노란 팻말이 꽂혀 있다.

"죽순아, 안녕!"
"프리뮬러, 봄이 왔어요."
"여름밀감, 마멀레이드가 될 거야."

그 가운데 내게 가장 인상 깊었던 것은 "작은 새들의 옹달샘, 와서 마셔요!"

였는데, 우리 집 앞 정원에 놓인 도자기 수반도 히데코 할머니께 힌트를 얻어 가져다 놓은 것이다. 언제 그렇게 소문이 났는지 직박구리와 콩새들이 포롱이며 날아들어 물을 마시고, 까치들도 수시로 다녀가며 목욕을 한다.

삶의 마지막 즈음에 서 계시는 슈이치 할아버지와 히데코 할머니의 삶은 강처럼 잔잔하지만 결코 멈춰 있거나 느리지 않았다. 2015년에 할아버지는 먼저 하늘나라로 떠나셨는데 마지막 한 날까지도 건축과 정원 가꾸는 일을 놓지 않으셨다. 영화가 끝나갈 무렵, 작가는 할머니께 묻는다.

> "외롭지 않으세요?"
> "65년을 남편과 살아서 외롭다기보다는 인생이 덧없이 느껴지지…. 혼자서 몇 년을 어떻게 살아가야 할까…."

할머니의 말씀에 코끝이 시큰거렸다. 인생 자체가 덧없이 느껴지신다는 할머니의 고백이 먼 훗날 나의 고백이 될까 싶어 그랬을 것이다. 영화가 끝날 즈음, "숲을 산책하고 왔더니 내 키가 나무보다 커졌다."고 말했던 헨리 데이비드 소로우(Henry David Thoreau)의 마음이 그대로 느껴졌다. 내 마음도 부쩍 자라 있었기 때문이다.

다큐멘터리 〈인생 후르츠〉는 할아버지와 할머니의 대화를 비롯하여 배우 키키 키린 할머니의 따뜻한 내레이션이 정감을 더해 주었다. 또한 감동적인 글귀들은 자막으로 다시 한번 띄우는 섬세한 연출도 잊지 않았다. 참, 세계적으로 저명한 세 명의 건축가가 남긴 인상 깊은 글귀가 있었다.

집은 삶의 보석 상자여야 한다. - 르 크로뷔지에(Le Corbusier)

모든 답은 위대한 자연 속에 있다. - 안토니오 가우디(Antoni Gaudi)

오래 살수록 인생은 더욱 아름다워진다. - 프랭크 로이드 라이트(Frank Llod Wright)

그런데, 감히 나의 해석은 저 위대한 건축가들과 달랐다. 예수님을 주인으로 모시지 않은 집은 삶의 보석 상자가 될 수 없고, 모든 답은 위대한 자연을 창조하신 하나님의 말씀과 그 섭리 속에 있으며, 오래 사는 것보다 중요하고 아름다운 인생은 내 이웃을 내 몸과 같이 사랑하며 복음을 전하는 삶인 것 같기에 그렇다.

🌼 아내들이여 자기 남편에게 복종하기를 주께 하듯 하라 이는 남편이 아내의 머리 됨이 그리스도께서 교회의 머리 됨과 같음이니 그가 바로 몸의 구주시니라 _에베소서 5:22~23

🌼 이와 같이 남편들도 자기 아내 사랑하기를 자기 자신과 같이 할지니 자기 아내를 사랑하는 자는 자기를 사랑하는 것이라 _에베소서 5:28

수술 이야기, 하나.

2019. 07. 01. 입원.

우리는 입원 하루 전날, 서울로 올라왔다. 외할머니 댁에서 하루를 묵고, 아침 일찍 병원에 도착하여 입원 수속을 마쳤다. 병실로 올라와 환자복으로 갈아입히는데 남편의 눈에서 눈물이 흘렀다. 그레이스에게 들킬까 봐 서둘러 자리를 피하는 남편의 모습을 보며 순간 나도 울컥했지만, 우리보다 씩씩한 아이를 보며 나는 참아야 했다.

그레이스는 '심실중격 결손의 패취 수

늘 딱지가 앉아 있는
그레이스의 엄지손가락

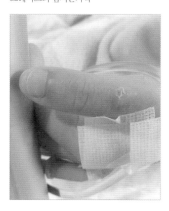

복술'과 함께 손목에 있는 결절종의 제거를 위한 '신경절의 절제술'도 해야했기에, 우선 1층으로 이동하여 가슴과 손목 엑스레이를 찍었다. 심혈관외과와 소아 정형외과의 수술이 동시에 이루어질 것이기에 긴장 역시 배가되었으나 오롯이 주신 말씀만을 의지하여 가기로 우리는 마음 먹었다.

> 🌱 나 여호와 너의 하나님이 네 오른손을 붙들고 네게 이르기를 두려워하지 말라 내가 너를 도우리라 할 것임이니라 _이사야 41:13

엑스레이를 찍고 입원실로 돌아오는 엘리베이터에서 갓 돌이 지나 보이는 아기와 아기 엄마를 만났다. 아기는 엄마에게 매달려 목이 쉬도록 울고, 엄마는 계속해서 아기의 등을 쓸어내리며 달래고 있었다. 그녀는 시끄럽게 해서 미안하다며 먼저 말을 걸어왔다. 들어 보니 아기는 그레이스가 준비하고 있는 심장 수술을 이미 마친 상태였는데, 수술 후 집중치료실에서 엄마 없이 이틀을 지내는 동안 분리 불안 장애(Separation Anxiety Disorder)가 생겨 밤낮없이 울기만 한다고 했다. 함께 엘리베이터에서 내려 입원실로 걸어가는 복도에서 나는 그녀에게 조심스레 물어보았다. 혹시 예수님을 믿느냐고 말이다. 그러자 그녀는, 결혼 전까지는 신앙생활을 열심히 했었지만 시댁의 반대로 오랫동안 예배하지 못했다고 하며 고개를 숙였다. 나는 다시 한 번 조심스레 물었다.

"제가 아기를 위해서 기도해 주고 싶은데, 괜찮을까요?"

"정말요? 정말, 우리 아기를 위해서 기도해 주신다고요?"

그녀는 마치 기다렸다는 듯이 대답했다. 우리는 복도에 비치된 의자에 함께 앉았다. 천천히 다가가 우는 아기의 어깨에 손을 얹는 순간, 내 온몸을 타고 흐르는 성령의 감동이 느껴졌다. 놀랍게도 아기의 이름을 부르며 기도하는 가운데 울음소리는 점차 잦아들었고, 얼마 지나지 않아 드디어 그 오랜 눈물이 멈추어 섰다. 할렐루야! "When we work, we work. When we pray, God works!"라는 메시지가 떠올랐다. "우리가 일하면 우리가 일하는 것이고, 우리가 기도하면 하나님께서 일하신다."라는 뜻이다. 나는 그 순간 하나님께서 아기의 마음을 만져 주셨음을 분명하게 느낄 수 있었다.

그런데 아기의 눈물이 멈추니 이번에는 그녀의 눈에서 눈물이 흐르기 시작했다. 하나님을 향한 감사의 눈물이었을 것이다. 우리는 하나님의 자비가 오늘도 당신을 찾는 이들 곁에 함께하신다는 것을 깨닫고 기뻐했다. 축축해진 옷소매로 계속해서 눈물을 훔치던 그녀를 향해, 그레이스는 아까부터 만지작거리던 주머니 속 손수건을 건넸다.

"하나님께서 하셨어요, 앞으로도 하나님께서 하실 거예요. 그러니 이제부터의 삶은 하나님께 맡겨 드리세요."

우리는 인사를 하고 입원실로 돌아왔다. 돌아오는 길에 그레이스의 키와 몸무게를 체크하고(신장 114cm, 체중 16kg) 채혈을 한 후, 드디어 긴 여정을 위한 링거를 꽂았다. 긴장이 많이 되었을 텐데 그레이스는 울지 않았다.

07. 02. 수술 하루 전날.

낮에는 원예학과 후배인 해인이와 성공회 신부인 친정 오빠, 그리고 새언니가 다녀갔다. 특별히 그레이스는 자기를 너무나 사랑해 주는 외숙모의 얼굴을 보자마자 두 볼에 자두 빛 생기가 돌기 시작했다. 집 가까운 이웃 교회의 목사님과 사모님께서도 전화로 기도해 주셨고, 섬기는 교회의 교육 전도사님과 담당 목사님께서도 전화로 위로해 주셨다.

그레이스가 내일 아침 첫 시간으로 수술에 들어가서 아빠와 그레이스는 밤 9시에 먼저 잠자리에 들었고, 그 사이 마취과와 소아심장과에서 수술 동의서를 받아 갔다. 그런데 밤 10시 즈음, 코의 염증 검사와 관장이 필요하다며 간호사 선생님이 들어왔다. 다행히 잠이 덜 깬 상태에서 코는 염증 검사를 위해 면봉에 묻혀 갔는데, 관장약은 어찌 넣어야 할지 몰라 결국 곤히 잠들어 있는 아이를 깨워야 했다. 무사히 장을 비워 낸 후 다시 침대에 뉘어 아이의 두 볼을 감싸 안으며 위로했다.

　　"그레이스, 엄마가 미안해. 많이 졸립지?"
　　"괜찮아요, 엄마…."

깊이 들었던 잠에서 깨어 불편한 과정의 관장약을 넣고 일정 시간 참는 동안에도 배가 몹시 아팠을 텐데, 아이의 목소리는 언제나처럼 따뜻하고 부드러웠다. 그레이스는 언제나 그랬다. 아무리 속상한 일이 있어도 모든 상황 앞에 원망이 아닌 감사를 선택하는 아이였다. 우리 그레이스가 알고 있을까? 엄마는 그레이스의 마음이 그렇게 수정처럼 반짝일 때마다 석류 껍질처럼 두터워진 마음의 빗장을 열어, 내게 묻어 있는 따갑고 거친 것들을 하나씩 떼어 내곤 했다는 것을….

아이를 재우고 남편과 함께 어제 엘리베이터에서 만났던 아기와 아기 엄마를 위해 기도했다. 그녀의 가정과 그녀의 신앙 회복을 위하여 남편이 기도해 주었다. 그리고는 우리도 내일부터 시작될 먼 여정을 위해 잠자리에 들었다.

🌱 오직 성령이 너희에게 임하시면 너희가 권능을 받고 예루살렘과 온 유대와 사마리아와 땅끝까지 이르러 내 증인이 되리라 하시니라 _사도행전 1:8

수술 이야기, 둘.

2019. 07. 03. 수술 당일.

나는 새벽 4시경 눈을 떴다. 아빠의 팔
을 베고 곤히 잠들어 있는 그레이스의
머리를 쓸어 올리니 어디선가 달콤한
향이 났다. 창가에 꽂아 둔 유칼립투스
가지가 뿜어 내는 향인지, 그레이스의
샴푸 향인지… 한참을 아이의 머리맡에
서 행복한 기도를 드릴 수 있었다. 고즈
넉한 새벽에 주님과 마주하는 시간은
언제라도 은혜롭다. 가슴 깊은 곳에서
부터 찬송가 310장의 후렴구가 흘러나
왔다.

심장 혈관
병원 수술실 앞

너의 심장소리
여름 정원 – 아픔의 상처 가지치기

내가 믿고 또 의지함은 내 모든 형편 아시는 주님

늘 보호해 주실 것을 나는 확실히 아네

곧 큰 수술을 앞둔 채 깊이 잠들어 있는 그레이스를 바라보니, 하나님의 은혜 없이 어떻게 여기까지 올 수 있었을까… 수술의 염려보다 감사함이 더욱 크게 느껴졌다. 수국이 구름처럼 내려앉은 아주 예쁜 봄날에 그레이스를 만나기 위해 처음 집을 나서던 그 순간부터 생후 한 달이 조금 지나 만났던 아기가 어느덧 백일을 앞두고 제주공항, 나의 품에 안기던 날까지… 그리고, 가혹하게만 느껴졌던 정기 검진을 위해 3개월에 한 번씩 서울을 오가던 시간들과 드디어 2014년 10월 17일, 제주지방법원에서 '요보호아동 국내입양 확정증명원'을 받던 날까지 단 한 순간도 내 눈에서 그레이스를 떼어놓은 적이 없던 그 하루하루가 카메라에서 막 꺼내어 펼쳐 놓은 따뜻한 필름처럼 연이어 스쳐 갔다. 태어나면서부터 5년 동안이나 아픈 심장으로 잘 견뎌 준 그레이스에게 얼마나 미안하고 고마웠는지, 또 내 모든 형편을 아시고 지금까지 보호해 주신 하나님의 은혜가 얼마나 크고 감사했는지 모른다.

7시 40분경, 수술실에서 침대가 올라왔다. 노크 소리에 모두의 심장이 덜컹했다. 그레이스를 안아 침대에 눕히려 하니, 그레이스가 내 목을 힘껏 끌어안고 떨어지려 하지 않았다. 하는 수 없이 침대의 머리를 세우고 내가 먼저 올라가 기대어 앉은 후 마주하여 아이를 안아 담요로 꼬옥 감쌌다. 그제야 엄마의 가슴으로 파고들며 깊은 숨을 내쉬던 그레이스. 덜컹이는 침대를 타고 5층 수술실로 이동하는 길, 어둡고 조용한 복도를 통과하며 그레이스와 나의 맞닿은 심장이 더 빠르게 뛰기 시작했다. 덜커덩덜커덩 침대의 거친 쇠바퀴 소리가 마치 수술실의 온도처럼 파랗고 시리게 공간을 울리며 퍼져 갔다. 어느새 우리가 멈춰 선 곳은 수술실 앞이었다. 커다란 자동문이 열리고 그 안으로 들어가니, 그곳은 또 하나의 대기실이었다. 도저히 혼자 들여보낼 수가 없어 그곳에서 나의 품에 안은 채 아이를 재우기로 했다. 혈관 주사의 호스를 타고 재우는 약이 들어가는 그 짧은 시간에, 마주한 그레이스의 눈이 나의 눈에게 이야기했다. "엄마, 걱정하지 말아요. 그레이스가 잘하고 나올게요…." 그렇게 스르륵 잠들어 가는 아이를 바라보며 입원 첫날부터 참아 왔던 내 모든 눈물이 한꺼번에 우루루 쏟아져 내렸다.

아이를 눕히고 침대에서 내려와 남편과 함께 잠든 그레이스의 가슴에 손을 얹고 기도했다. 이윽고 수술실로 이어지는 문이 열리고 하늘색 수술 모자를 쓴 그레이스는 찬 기온이 벌컥 쏟아져 나오던 그 안으로 들어갔다. 내 뒤 어디선가 "이제 나가서 기다리셔야 합니다."라는 관계자의 목소리가 들려왔지만, 내 눈과 두 다리는 이미 닫혀 버린 자동문 앞에서 석고처럼 붙어 움직여지지 않았다. 넋을 놓고 얼마나 서 있었던 것일까? 갑자기 가슴이 답답해져 왔다. 정신을 차리고 막혀 있던 숨을 토해 내는 순간 깨달았다. 아이가 들어가고 난 후부터 계속 숨을 쉬지 않고 있었다는 것을….

수술실 밖으로 나왔지만 우리는 한동안 그 문 앞을 떠날 수가 없었다. 그곳에서 두 시간을 지키며 기도하다 11시경 입원실로 내려와서 잠시 침대에 누웠는데, 남편의 기도 소리가 들려왔다. 처음에는 기도 반, 눈물 반이었는데 차츰 울음소리가 기도를 덮고 결국에는 목놓아 울기 시작했다. 단 한 번도 그렇게 우는 모습을 본 적이 없기에 내 가슴도 무너져 내리는 것만 같았다. 서러움에 가깝던 그 울음이 진정될 즈음, 남편은 성경책을 찾아 마가복음을 한 장 한 장 넘기며 말씀을 묵상하기 시작했다.

🌸 회당장 중의 하나인 야이로라 하는 이가 와서 예수를 보고 발아래 엎드리어 간곡히 구하여 이르되 내 어린 딸이 죽게 되었사오니 오셔서 그 위에 손을 얹으사 그로 구원을 받아 살게 하소서 하거늘 _마가복음 5:22-23

🌸 예수께서 그 하는 말을 곁에서 들으시고 회당장에게 이르시되 두려워하지 말고 믿기만 하라 하시고 _마가복음 5:36

🌸 그 아이의 손을 잡고 이르시되 달리다굼 하시니 번역하면 곧 내가 네게 말하노니 소녀야 일어나라 하심이라 _마가복음 5:41

회당장 야이로와 병든 어린 딸에 관한 말씀이었다. 어린 딸을 살리고자 간절히 예수님의 도움을 구하였던 야이로가 치유와 기적을 경험했듯이, 남편도 그 같은 심정으로 가슴을 치며 기도하고 있었던 것이다. 감사하게도 그 어린 소녀는 아버지의 간절함과 예수님의 자비로 곧 일어나 걸었다.

말씀으로 위로를 얻고 우리는 기운을 내자며 식당으로 내려갔다. 떡만두국을 두 그릇 시켜 놓고 기도의 손을 모으려는데 남편의 혼잣말이 들려왔다. '우리 그레이스도 떡만두국 좋아하는데….' 그 한마디가 다시 가시처럼 목에 걸려, 결국 우리는 두어 수저도 제대로 뜨지 못한 채 터벅터벅 수술실 앞으로 올라와야 했다.

오후 2시가 되자, 드디어 집도의 선생님께서 수술실 밖으로 나와 모든 수술이 잘되었다고 말씀해 주셨다. 아이는 바로 집중치료실로 이동하게 될 테니 안심해도 좋다고 말이다. 선생님은 저녁 첫 면회가 있을 때까지 입원실로 돌아가 눈을 조금 붙이는 게 좋겠다며 두 눈이 퉁퉁 부어 있는 남편과 나를 위로했다.

저녁 6시경, 드디어 면회 시간이 되었다. 한 명의 보호자만 면회가 가능해, 남편의 배려로 내가 손 소독을 하고 비닐 옷과 토시를 착용했다. 긴장한 가운데 집중치료실로 들어가 아홉 시간 만에 처음, 너무도 그리웠던 그레이스를 만나게 되었다. 그런데 나는 먼발치에서만 바라볼 뿐 차마 아이 곁으로는 갈 수가 없었다. 엄마의 목소리를 들으면 참아 왔던 통증으로 심하게 요동치지는 않을까, 너무 많은 눈물을 흘려 호흡에 문제가 생기지는 않을까 몹시 염려가 되었기 때문이었다. 그레이스를 지켜보는 내내 호흡관과 빈혈 수치가 높아 공급받고 있던 혈액 줄, 그리고 여러 복잡한 장치들이 마치 나에게도 꽂혀 있는 것만 같은 깊은 통증이 느껴졌다. 아이에게 가까이 가지 못하고 눈물만 흘리고 있는 내게 간호사 선생님이 다가와 가끔 너무 어리거나 예민한 아기를 둔 엄마들은 살짝 얼굴만 보고 간다며, 그레이스는 아주 잘하고 있으니 염려하지 말라고 위로했다. 대신 아이가 좋아하는 음료수가 있으면 하나만 넣어 달라고 했다. 아침에 일어나면 밤새 엄마가 다녀갔다고 꼭 전하겠다고 말이다. 나는 우리가 마트에 갈 때마다 그레이스가 즐겨 고르는 유아용 보리차를 올려다 주었다. 집중치료실에서는 밤사이 아이의 회복세가 좋으면 내일 일반 병실로 내려갈 수도 있으니, 아침에 가는 연락을 꼭 받으라고 당부했다.

병원 규칙상 환자가 없는 병실은 비워 두어야 하기에 남편과 나는 제주에서부터 가지고 온 모든 짐을 챙겨 친정으로 이동해야 했다. 떨어지지 않는 발길을 옮겨 병원을 나서며 자꾸만, 또 자꾸만 그레이스가 있는 곳을 올려다보았다. 순간, 아픈 핏덩이를 복지회에 홀로 두고 나 혼자 제주행 비행기에 오르던 날들이 떠올라 목이 메어 왔다.

"그레이스, 많이 아프지? 엄마 금방 올 거야. 하나님께서 지켜 주실 테니 힘내고 있어야 해. 알았지?"

내 마음이 아이에게 닿기를 기도하며 택시에 올랐다. 밤이 되고, 새벽이 되고, 아침이 되도록 시리고 허우룩한 마음은 떠나질 않았다.

그레이스와 엄마가 처음 떨어져 자는 아주 슬픈 첫날 밤이었다.

🌷 내가 네게 명령한 것이 아니냐 강하고 담대하라 두려워하지 말며 놀라지 말라 네가 어디로 가든지 네 하나님 여호와가 너와 함께 하느니라 하시니라 _여호수아 1:9

수술 이야기, 셋.

2019. 07. 04. 수술 다음 날.

남편과 나는 그레이스를 처음 만났던 2014년 6월부터 아이가 수술실로 들어가기까지의 지난 시간들을 회상하며 새벽 2시가 되어서야 잠들었다. 매시간마다 깨어 혹시 병원에서 연락 온 것은 없는지 확인하느라 잠이 깊게 들 수 없었다. 하지만 이미 수술이 잘되었다는 것만으로도 감사했다. 드디어 오전 8시경, 집중치료실에서 전화가 왔다. 밤사이 회복이 좋아서 오늘 일반 병실로 내려갈 수 있겠다며 준비가 되면 연락을

수술 후 다음날.
얼굴이 부어 있는 그레이스

다시 하겠다고 했다. 그 후 정오 즈음 재연락을 받고 우리는 서둘러 병원으로 향했다.

집중치료실 앞에 도착해 너무도 그리운 그레이스를 기다렸다. 그곳의 문이 열릴 때마다 어찌나 긴장이 되던지, 혼자 수술실로 들여보내던 어제의 안쓰러움과 두려웠던 마음이 되살아나는 것만 같았다. 드디어 오후 2시, "그레이스 보호자!"라고 외치는 소리와 함께 이동식 침대를 타고 그레이스가 나왔다. 낯설 만큼 부어 있는 얼굴 가득 눈물범벅이 되어 지난 밤에 넣어주었던 보리차를 꼭 끌어안고 있는 아이가 어찌나 애련하던지, 아침에 보리차를 건네자마자 엄마를 찾으며 울기 시작했다고…. 통증 가운데 얼마나 아빠와 엄마가 그리웠을까 생각하니 다시 가슴이 먹먹해 왔다.

병실로 내려와 오후 3시경 첫 소변을 보았다. 빠른 회복을 위해 조금씩이라도 걷는 것이 좋다고 하여 틈틈이 병실을 걸으며 운동했다. 저녁 식사 후에는 힘을 내서 복도도 한 바퀴 돌았다. 그렇게 긴 하루를 보내고 밤이 되어 누웠는데 처음으로 강한 통증이 찾아왔다. 흉골을 절제했고 다시 그 여린 살을 철제와 실로 봉합해 놓았으니 이미 뻐근하고 아프리라는 것은 예상했지만, 몸을 뒤틀면서까지 고통스러워하는 아이를 지켜보는 일이 쉽지 않았다. 수술 절개 부위 아래에 또 하나의 구멍을 뚫어 호스로 연결된 피주머니까지 차고 있었으니 얼마나 아팠을까? 이미 주사로 진통제가 들어가고 있었지만 알약을 하나 더 복용해야 했다. 심한 통증이 조금씩 가라앉을 즈음, 수술 후 첫 대변을 보았고 밤 10시가 넘어서 잠들었다.

07. 05. 수술 후 이틀째 되는 날.

아침 8시경, 복도를 걸으며 운동을 하던 중에 입원한 날 엘리베이터에서 만났던 아기와 아기 엄마를 다시 만났다. 오늘 퇴원을 앞두고 우리에게 인사를 하러 오는 길이었다고 했다. 맛있는 빵이 가득 들어 있는 종이가방과 그레이스의 손수건을 건네며 감사의 인사를 했다. 우리가 함께 기도하고 헤어진 후, 아기는 어제 링거 줄을 제거하던 순간 외에는 단 한 번도 울지 않았단다. 나는 아기 엄마에게 돌아가면 반드시 주일 성수해야 한다고 당부했다. 아기에게 잠시 고통은 있었지만, 그 기회로 온 가족이 구원받는 은혜가 있기를 진심으로 바라고 기도하겠노라고, 엄마라는 존재는 아기를 이 땅으로 보내는 통로의 역할일 뿐 하나님께서 키우시도록 믿음으로 내어 드려야 한다고도 전했다. 사실, 퇴원을 앞두고 다시 우리를 찾아 감사의 마음을 전하던 그녀에게서 나는 느낄 수 있었다. 그녀의 마음속에는 항상 사랑의 예수님이 함께 계셨다는 것을….

오전에 수술 집도의 선생님과 소아심장과 선생님의 회진이 있었다. 그리고 그레이스가 그토록 기다리던 링거 줄과 피 주머니를 제거했다. 오후에는 소아정형외과 선생님이 소독을 위해 다녀가셨는데, 손목의 붕대를 푸는 순간 모두 깜짝 놀랐다. 어머나, 볼록 튀어나와 있던 멍울이 마법처럼 사라지고 없다!

"엄마, 이제 친구들이 내 손목을 보려고 몰려들지 않겠죠?"

그레이스의 그 한 마디가 그동안의 마음고생이 어떠했는지를 말해 주었다.

어제는 통증으로 밤을 새우다시피 했는데 오늘은 운동도 열심히 하고 틈틈이 낮잠도 잤다. 저녁 즈음, 그레이스가 좋아하는 반찬들을 손수 만들어 온 이모의 사랑으로 행복하게 웃다가 잠들었다. 링거 줄도 피 주머니도 없는 그레이스의 잠든 모습은 마치 둥지 속의 아기 새처럼 너무도 편안해 보였다.

07. 06. 수술 후 사흘째 되는 날.

처음으로 긴 숙면을 하고 아침 일찍 일어났다. 병실로 내려온 후 매일같이 엑스레이 촬영과 피 검사를 했는데 오늘이 가장 씩씩했다. 소변과 대변을 보는 횟수도 정상적으로 회복되었고 여러 가지의 음식들도 거뜬히 소화시켰다. 그리고 드디어 내일이면 퇴원이 가능하겠다는 기쁜 소식을 전해 들었다.

07. 07. 퇴원하는 날.

오늘은 느지막이 일어나 마지막 엑스레이 촬영과 채혈을 했다. 남편은 일찍부터 부지런히 퇴원 수속을 밟았고, 나는 오전 내내 놓고 가는 것이 없는

지 꼼꼼하게 짐을 챙겼다. 우리는 그동안 크게 불편함 없이 지냈던 병실에
앉아 하나님께 마지막 기도를 드렸다.

오롯이 감사하는 마음뿐이었다.

07. 12. 심장 첫 외래, 가슴 실밥 뽑은 날.
07. 18. 심장 두 번째 외래, 손목 실밥 뽑은 날.

✽ 여호와는 네게 복을 주시고 너를 지키시기를 원하며 여호와는 그의 얼
굴을 네게 비추사 은혜 베푸시기를 원하며 여호와는 그 얼굴을 네게
로 향하여 드사 평강 주시기를 원하노라 할지니라 하라 _민수기 6:24-26

가을 정원

연리(蓮理)가

되어

국화꽃 향기

매해 국화꽃이 필 무렵이면 나는 아버지를 모셔 둔 산에 오른다. 아버지는 소국(小菊)을 참 좋아하셨는데, "내가 이 계절을 사랑하는 건지, 이 꽃을 사랑하는 건지 도무지 모르겠구나."라고 말씀하시곤 했다.

산 가까이 늘 들르는 꽃집의 아주머니께서 "어머, 네가 그레이스니? 한 해 동안 이렇게나 많이 자랐구나!" 하시며, 오늘은 곱게 포장한 소국 한 다발을 그레이스의 품으로 안겨 주셨다. 그냥 하시는 말씀이 아니었다. 그레이스는 초

"할아버지, 그레이스 왔어요!"
할아버지를 위해 기도하는 그레이스

너의 심장소리
가을 정원 – 연리(蓮理)가 되어

식 공룡에게 먹히지 않기 위해 매일같이 키를 키워야 했던 공룡 시대의 식물들처럼 정말 하루가 다르게 쑥쑥 자라고 있었기 때문이다. 산으로 오르는 길, 가슴이 뛰기 시작했다. 이맘때의 산 내음은 늘 한결같아서 어느 해부터인가 나는 이 내음이 꼭 아버지의 향기인 것만 같다. 산을 이리저리 둘러보던 그레이스가 말했다.

"그런데, 엄마! 다른 산소 앞에도 모두 국화꽃이네요?"

그레이스의 말이 맞았다. 대부분의 사람들은 산소에 갈 때 국화꽃을 가져간다. 나의 아버지처럼 고인이 생전에 국화꽃을 좋아하지도 않았는데 말이다.

"그레이스, 그런 데는 이유가 있단다. 국화꽃은 다른 꽃들과 다르게 뿌리로부터 물과 탄수화물을 끌어오지 않아도 꽃을 피워 낼 수 있기 때문이야. 꽃 피울 시기가 되면 스스로 잎을 포함한 다른 초록 부분을 시들게 해서 개화에 필요한 물질을 그곳에서 끌어오거든. 지인들이 거리상 자주 산소에 찾아가 꽃을 관리할 수 없으니, 물이 없어도 오래 피어 있는 국화꽃을 선택하는 거란다."

일곱 살의 아이가 이해하기에는 다소 어려운 설명이었는데도, 그레이스는 얼마 전 우리가 화병에 꽃을 꽂으며 나누었던 이야기를 기억해 냈다.

"엄마, 그래서 그때 화병 속에 설탕과 소금을 녹여 넣은 거죠?"

"어머나, 그레이스! 아직도 기억하고 있구나? 꽃봉오리에 탄수화물을 소량 저장하거나 국화꽃과 같은 자력이 없는 꽃들은 절화의 형태로 병에 꽂으면 온전하게 꽃을 피워 낼 수 없기 때문이란다. 바로 장미, 프리지어, 글라디올러스와 같은 꽃들이지."

그레이스와 함께 젖은 나뭇가지 내음이 풍기던 산길을 걷다 잠시 커다란 나무 아래에 앉았다. 잎새를 모두 떨구어 조금 외로워 보였지만 나무 본연의 실루엣만으로도 충분히 아름다웠다. 그레이스는 준비해 온 스케치북과 크레파스를 꺼내 그림을 그리기 시작했다. 지금 내가 입고 있는 옷과 똑같은 갈색 원피스를 입은 여자아이와 건장한 남자가 서로 꼬옥 안고 있는 모습이었다.

"그레이스, 이 여자아이는 누구야? 이분은 또 누구셔?

"이 여자아이는 꼬마 김마리아이고, 이분은 저기에서(할아버지가 계시는 곳을 가리키며) 주무시고 계시는 꼬마 김마리아의 아빠예요."

순간 눈시울이 젖어 들었다. 어릴 적의 엄마와 태어나 단 한 번도 뵌 적이 없는 외할아버지를 상상하여 그린 것이었다.

"아까 엄마가 '아빠 저 왔어요!' 하고 인사했잖아요. 그래서 아빠가 반갑게 안아 주는 거예요."

참았던 눈물이 떨어지고야 말았다. 해맑은 표정으로 그림을 설명해 주는 그레이스가 아버지를 생각하며 허우룩했던 마음을 모두 만져 주었다. 산을 내려오며 자꾸만 뒤를 돌아보던 나의 손에 꽃집 아주머니께서 주신 하나뿐인 캔디를 쥐어 주고는, 물끄러미 올려다보며 묻는다.

"엄마, 왜 울어요? 할아버지와 헤어져서 많이 슬퍼요?"
"엄마? 아니야, 그레이스…. 이렇게 맛있는 캔디는 정말이지 처음이다!"

❊ 자녀들아 주 안에서 너희 부모에게 순종하라 이것이 옳으니라 네 아버지와 어머니를 공경하라 이것은 약속이 있는 첫 계명이니 이로써 네가 잘되고 땅에서 장수하리라 또 아비들아 너희 자녀를 노엽게 하지 말고 오직 주의 교훈과 훈계로 양육하라 _에베소서 6:1-4

떨켜

어느새 수목원에는 오색의 카펫이 멋지
게 펼쳐져 있었다. 그 사이 벚나무와 화
살나무는 붉은색으로, 느티나무와 자작
나무는 노란색으로, 참나무는 짙은 갈
색으로 고운 옷을 갈아입었다. 그레이
스가 가장 좋아하는 팔랑개비 단풍나무
열매는 이미 번식을 위하여 먼 길을 떠
났고, 대신 노오란 단풍나무 잎새만이
별이 되어 쏟아지고 있었다.

"엄마, 바사삭바사삭 이 소리 들려요?"

비스킷처럼 맛있게 부서지는 마른 잎새

수목원에 피어난
노란 털머위꽃

니의 심장소리
가을 정원 – 연리(蓮理)가 되어

들이 그레이스를 참 즐겁게 했다. 그레이스의 보석함 속 비즈들처럼 다양한 빛깔의 잎새들이 반짝이며 떨어지고 있었고, 아이는 어디선가 음악 비라도 내리는 듯 하늘을 향해 고개를 들고 양팔을 펼쳐 춤을 추었다. 형형색색의 단풍 카펫과 그레이스의 춤이 어우러진 그 한낮의 풍경은 마치 내 유년 시절의 한 조각처럼 신비롭고 아름다웠다.

샛노란 털머위 꽃 산책로에 이르렀을 때 우리의 발길을 멈춰 서게 한 것은, 바로 커다란 상수리나무였다. 다른 나무들의 잎새는 저마다 곱게 물들어 멋진 카펫을 펼쳐 가고 있는데 상수리나무 잎새만이 초록물마저 잃고 초라하게 나부끼고 있었다. 바로 '떨켜층'이 없는 나무이기 때문이다. 떨켜층이란 가을이 되면 나무가 스스로를 지키기 위해 나뭇잎과 잎자루 사이에 만들어 내는 특수한 조직의 세포층이다.

사실 식물은 겨울을 이겨 내기 위해 잎을 떨어뜨린다. 추운 겨울에 잎을 그대로 달고 있으면 잎에 있는 수분마저 빼앗기거나 동상에 걸릴 수 있기 때문에 떨켜층을 만들어 줄기와 잎의 통로를 막는 것이다. 그러면 뿌리에서 잎으로 물이 전해질 수 없고 광합성으로 만든 양분도 잎에서 뿌리로 내려가지 못하게 되는데, 그때 더 이상 광합성을 할 수 없는 잎의 엽록소가 파괴되면서 잎의 초록빛이 사라지게 된다. 그제야 많은 양의 엽록소 때문에 자기의 색깔을 나타내지 못했던 다른 색소들은 (붉은색을 띠는 것은 카로틴-Carotene, 노란색을 띠는 것은 안토시안-Anthocyan을 만든다.) 느지막이 제 색깔을 나타내며 단풍으로 뽐내는 것이다.

떨켜층이 없어 색바랜 잎사귀를 달고 초라하게 버티고 서 있는 상수리나무
가 조금 안타깝게 느껴졌다. 겨울이 되어 모진 바람에 밀려 떨어질 앳새들
을 생각하니 벌써부터 안쓰럽고 말이다. 추운 겨울을 이겨 내기 위해 떨켜
층을 만드는 나무의 지혜처럼, 우리 삶에도 모든 것에 때가 있다고 전도서
기자는 말한다.

> 범사에 기한이 있고 천하만사가 다 때가 있나니 _전도서 3:1

> 사람들이 사는 동안에 기뻐하며 선을 행하는 것보다 더 나은 것이 없
> 는 줄을 내가 알았고 _전도서 3:12

범사에 기한이 있다는 것은 우리의 생명을 포함한 이 땅의 모든 것이 영원
하지 않다는 것을 의미한다. 솔로몬은 전도서를 통해 자신이 삶으로 깨달
은 하나님의 원리를 가르쳐 준다. 사람이 수고한 모든 것이 헛되며 바람을
잡으려는 것과 같다는 이야기로 시작하여, 그러니 사는 동안 기뻐하며 선
을 행하는 것이 가장 낫고, 오직 하나님을 경외하고 그의 명령들을 지키는
것이 모든 사람의 본분이라고 마무리한다.

우리의 건강과 물질, 그 밖의 삶을 영위하는 모든 것에는 기한이 있다. 그

러니 하나님께서 허락하신 지금의 때를 우리는 지혜롭게 살아가야 한다. 겨우내 필요로 할 수분이 나가는 것을 막고 동상에 걸리지 않기 위하여 떨켜층을 만들어 내는 나무의 지혜처럼, 우리 역시 우리의 삶에 해가 되는 헛된 것들을 차단하여 겨울과 같은 이 땅에서의 인생을 봄과 같은 천국에 이를 때까지 강건히 지켜가야 할 것이다.

> 하나님이 모든 것을 지으시되 때를 따라 아름답게 하셨고 또 사람들에게는 영원을 사모하는 마음을 주셨느니라 그러나 하나님이 하시는 일의 시종을 사람으로 측량할 수 없게 하셨도다 _전도서 3:11

비료 만들기

농사의 시작은 씨앗을 뿌리는 일부터가 아니다.

농사는 퇴비를 만드는 일에서부터 시작된다. 하지만 고심 끝에 도시를 떠나 어렵게 땅을 구하고, 오색 탐스러운 열매만을 상상해 온 초보 농부에게 '농사의 시작은 퇴비를 만드는 일부터…'라고 말한다면 얼마나 실망스러울까? 푸릇한 고추와 예쁘게 매달린 토마토를 상상해 온 이에게 똥 냄새가 나는 퇴비라니 말이다. 그러나 농사를 오래 지어 온 농부들은 모두 하나같이 말한다. 삽 한

아기자기
사랑스럽게도 피어난 갯모밀

너의 심장소리
가을 정원 – 연리(蓮理)가 되어

자루 달랑 들고 신나게 땅부터 파헤치는 일은 매우 섣부른 일이라고….

농사는 하늘의 도움뿐 아니라 작물에 따른 물의 양을 제때 공급해야 하고, 부지런히 잡초를 뽑아 주어야 하며, 매 시기에 맞는 적정한 퇴비도 공급해 주어야 한다. 무엇보다 땅의 상태와 농작물의 특성에 따라 각기 다른 퇴비를 공급해야 하니, 처음 농사에는 화학 비료보다 친환경적인 퇴비를 만들어 사용하는 것이 더 안전하다. 눈에 보일 만큼 식물의 빠른 성장을 돕는 화학비료는, 사실상 토양의 자생에는 크게 도움이 되지 않는다. 장기적으로 공급할 경우에는 오히려 토양 속의 이로운 유기물을 파괴하는 역할을 하기 때문이다. 반면 퇴비를 만들어 사용하는 것은, 식물에 이로울 뿐 아니라 환경 오염의 염려도 줄일 수 있다.

사실 우리나라에서 배출되는 음식물 쓰레기의 절반가량은 동물의 사료로 사용된다. 국제연합식량농업기구(Food and Agriculture Organization of the United Nations)에 따르면, 축산업은 환경에 악영향을 끼치는 주범이다. 바로 산업 온실가스의 18%를 배출하고 있기 때문인데, 퇴비화가 환경을 위해 더 나은 선택이지만 안타깝게도 그것을 요구하는 움직임은 여전히 보이지 않고 있다. 나 역시 처음에는 이렇게 작은 텃밭 하나 가꾸는데 꼭 직접 만든 퇴비를 써야 할지 고민을 했었다. 하지만 조금 번거롭더라도 퇴비의 효과를 보고 나면 더 이상 종묘상으로 달려가는 일은 사라지게 된다.

물론 퇴비의 효과 가운데 가장 중요한 것은 영양 공급이다. 채소들이 자라면서 점차 흙의 양분은 고갈되기 때문에 결국 수확물의 빛깔과 맛은 퇴비의 역할로 결정된다. 그 밖에도 퇴비의 역할은 매우 다양한데 우선 토양의 구조를 식물이 자라기에 가장 좋은 구조로 바꾸어 준다. 예를 들어 딱딱한 흙을 갈아엎어 퇴비를 섞어 주면 흙 사이사이에 유기물의 좋은 성분이 끼어 들어가 땅이 금세 포슬포슬하게 바뀐다. 그러면 딱딱한 낱알 구조로 되어 있는 흙 알갱이 사이마다 통기성이 생기면서 물 빠짐도 원활해지고, 뿌리 뻗기에 좋은 토양으로 변하게 되는 것이다. 그 외에도 가뭄에 견디는 힘을 강하게 만들어 주고, 미생물의 활성을 돕고, 작물의 중금속 흡수량을 줄여 주는 역할을 한다.

퇴비는 늦가을과 겨울에 만드는 것이 가장 좋다. 이듬해 봄에 사용해야 하기도 하지만 여름에는 퇴비 온도가 상승하기 때문에 냄새를 감당해 내기가 쉽지 않고 구더기 등이 발생하기 때문이다. 우리 집 뒷 정원에 있는 퇴비함은 울타리를 치고 남은 나무와 오일장에서 얻어 온 사과 상자 네 개를 조립하여 만든 것이다.

그럼 퇴비는 어떻게 만들어질까? 우리가 먹다 남은 음식물 찌꺼기 등을 모아 사용하면 된다. 과일 껍질, 달걀 껍질, 톱밥과 우드칩, 차를 마시고 남은 티백, 낙엽과 잡초들, 전정과 풀베기 후의 잔재들, 쌀겨와 왕겨, 특히 한약재를 달이고 남은 찌꺼기를 사용하면 효과가 가장 좋다. 이것들을 한꺼번에 넣고 적당하게 수분을 맞추어 주면 저절로 발효가 시작되니 누구나 어렵지 않게 만들 수 있다. 그렇게 모아 둔 재료들이 2개월 정도 지나면 어느 정도 온도가 올라가기 시작하는데, 그즈음에 한 번 고루 발효될 수 있도록 삽으로 뒤집어 준다. 공기가 섞여 들어가야 숙성 속도가 빨라지기 때문이다. 그렇게 하여 5~8개월 정도가 지나면 진한 갈색의 토양 색으로 변하는데, 놀랍게도 그 상태에서 더 이상 악취가 나지 않는다면 이미 훌륭한 퇴비가 완성된 것이다.

나는 매해 직접 퇴비를 만들어 식물에 공급하면서, 식물에 있어서 퇴비의 역할처럼 자녀 양육에 있어서도 하나님의 말씀이 반드시 더해져야 한다는 것을 새삼 느끼게 되었다. 자식 농사라는 말이 있듯이 모두 생명체를 키우는 일이니 여러 면에서 비슷하겠으나 특별히 퇴비와 말씀의 역할이 두 생명체에게 끼치는 효과는 매우 닮아 있다.

그레이스는 만 5세가 되면서부터 매일 큐티(quiet time)와 잠언 말씀을 두 절씩 쓰고 있다. 그 까닭에 하나님께서는 말씀으로 천지를 창조하셨고, 그 말씀을 기록해 놓은 것이 바로 성경이라는 것을 잘 알고 있다. 그 후 그레이스가 만 6세가 될 무렵, 성경은 살아 있는 말씀이며 생명의 말씀이라는 것을 더해 설명해 주었다. 지혜를 주고, 복을 주며, 병 고치는 능력과 마귀를 이기는 능력이 있고, 하나님께서 영원하신 것 같이 하나님의 말씀도 영원하다는 것을 말이다. 그 시기에 아이와 함께 나누었던 말씀이다.

🌑 또 어려서부터 성경을 알았나니 성경은 능히 너로 하여금 그리스도 예수 안에 있는 믿음으로 말미암아 구원에 이르는 지혜가 있게 하느니라 모든 성경은 하나님의 감동으로 된 것으로 교훈과 책망과 바르게 함과 의로 교육하기에 유익하니 이는 하나님의 사람으로 온전하게 하며 모든 선한 일을 행할 능력을 갖추게 하려 함이라 _디모데후서 3:15-17

🌑 하나님의 말씀은 살아 있고 활력이 있어 좌우에 날선 어떤 검보다도 예리하여 혼과 영과 및 관절과 골수를 찔러 쪼개기까지 하며 또 마음의 생각과 뜻을 판단하나니 _히브리서 4:12

퇴비의 보충에 따라 수확물의 결과가 달라지듯 말씀의 양분이 더해져 성장한 사람과 그렇지 않은 사람의 삶과 영혼은 매우 다르다. 오직 세상의 학문만을 추구하며 성장한 사람은 메마른 황무지와 같이 늘 갈급하기 때문이다. 세상에서 가장 훌륭한 양분인 하나님의 말씀이 더해져 언제라도 예쁜 빛깔과 담백한 맛을 내는 그레이스의 삶과 영혼이 되기를 축복한다.

🌑 여호와를 경외하는 것이 지식의 근본이거늘 미련한 자는 지혜와 훈계를 멸시하느니라 내 아들아 네 아비의 훈계를 들으며 네 어미의 법을 떠나지 말라 이는 네 머리의 아름다운 관이요 네 목의 금 사슬이니라 _잠언 1:7-9

전이개 누공 수술

태아의 귀는 엄마의 배 속에서 보통 여섯 개의 덩이가 융합되면서 완전한 귀 모양을 갖추게 되는데, 안타깝게도 앞부분인 이주(tragus)와 이륜(helix)의 융합 과정에 문제가 생기면 피부에 작은 구멍이 남게 된다. 그것을 '전이개 누공' 또는 '선천성 이루공'이라고 한다.

마을 어귀까지 전해지는 꽃향기
은목서 나무

그레이스에게는 양쪽 귀에 모두 전이개 누공이 있었다. 아기 때부터 그 작은 구멍이 눈에 띄었지만 특별한 증상이 없었기에 가족 모두 잊고 지냈다. 그런데 얼마 전부터 오른쪽 귀의 구멍 주위가

빨갛게 부어오르기 시작했고, 우리가 이비인후과에 도착했을 때는 이미 감염이 진행되어 고름이 찬 상태가 되었다. 한번 감염이 되었던 부위는 연속 감염되는 사례가 많다기에 우리는 근본적인 치료를 위해 수술을 결정했다. 전이개 누공 입구의 피부를 절개한 뒤 연결된 통로 및 피부 안 주머니를 완전히 제거하는 수술이다. 감염된 오른쪽 귀와 함께 발병 예방을 위하여 왼쪽도 수술했다.

심장 수술과 다르게 수술 후 바로 엄마를 만날 수 있다고 하니 그레이스는 크게 불안해하지 않았다. 그동안 여러 수술과 통증들을 겪은 탓에 이 정도는 문제없다고 하는 아이의 말이 도리어 마음을 아프게 했다.

수술실에 들어가고 얼마나 지났을까, 만화 속 주인공처럼 동그란 붕대로 귀마개를 한 그레이스가 나왔다. 수술 전과 다르게 그 작고 예쁜 얼굴이 몹시 부어 있었다. 마취에서 깨어 거울을 보여 주니 "엄마, 나 뽀로로 같아요." 하며 빙그레 웃는다. 그러나 밤이 깊어질수록 통증이 더해지고 몸도 돌려 누울 수 없게 되니 그때부터 눈물을 흘리기 시작했다. 통증에만 집중되어 있는 아이의 생각을 바꾸어 주려고 준비해 온 성경 동화를 펼치려는데, 그레이스가 물었다.

"엄마, 나는 왜 아픈 아기로 태어났어요? 심장도 아프고 손목도, 귀도 아프고…."

순간 마음이 아려 왔지만, 나는 믿음 안에서 깨달은 그대로 그레이스에게 말해 주었다.

"그레이스, 하나님께서 우리에게 선천적인 아픔이나 가난 등의 어려움을 허락하신 것은 서로 사랑하라는 의미에서 그런 거란다."라고….

물론, 요한복음의 말씀을 들려줄 수도 있었다.

예수께서 길을 가실 때에 날 때부터 맹인 된 사람을 보신지라 제자들이 물어 이르되 랍비여 이 사람이 맹인으로 난 것이 누구의 죄로 인함이니이까 자기니이까 그의 부모니이까 예수께서 대답하시되 이 사람이나 그 부모의 죄로 인한 것이 아니라 그에게서 하나님이 하시는 일을 나타내고자 하심이라 _요한복음 9:1-3

예수께서 대답하여 이르시되 하나님께서 보내신 이를 믿는 것이 하나님의 일이니라 하시니 _요한복음 6:29

나를 보내신 이의 뜻은 내게 주신 자 중에 내가 하나도 잃어버리지 아니하고 마지막 날에 다시 살리는 이것이니라 내 아버지의 뜻은 아들을 보고 믿는 자마다 영생을 얻는 이것이니 마지막 날에 내가 이를 다시 살리리라 하시니라 _요한복음 6:39-40

하지만 오롯이 사랑의 하나님만을 느끼고 있을 그레이스가, 하나님께서 하시는 일을 위하여 날 때부터 앞을 보지 못하는 사람이 있다는 말씀을 어떻게 받아들일 수 있을까? 차츰 성장해 가며 "나는 왜 입양이라는 것을 경험해야 했나요?"라는 더 큰 이해를 필요로 하는 의문과 마주하게 될 테니, 그날이 오면 마음속에 저장해 두었던 이 요한복음의 말씀들을 꺼내어 함께 나누어 봐야겠다.

영화 〈울지마 톤즈〉에서 故 이태석 신부님이 남수단 북서부에 위치한 톤즈(Toni)라는 도시에서 그들을 섬기시며 만드셨던 노래가 하나 있다. 이 '묵상'이라는 노래의 가사도 그날에 함께 들려주면 좋을 듯싶다. 아이의 마음에 위로가 되리라 믿는다.

묵상 (이태석 사 · 곡)

십자가 앞에 꿇어 주께 물었네
추위와 굶주림에 시달리는 이들
총부리 앞에서 피를 흘리며 죽어 가는 이들을 왜 당신은 보고만 있냐고
눈물을 흘리면서 주께 물었네
세상엔 죄인들과 닫힌 감옥이 있어야만 하고
인간은 고통 속에서 번민해야 하느냐고
조용한 침묵 속에서 주 말씀하셨지

사랑 사랑 사랑 오직 서로 사랑하라고

난 영원히 기도하리라 세계 평화 위해

난 사랑하리라

내 모든 것 바쳐

아무것도 염려하지 말고 다만 모든 일에 기도와 간구로, 너희 구할
것을 감사함으로 하나님께 아뢰라 그리하면 모든 지각에 뛰어난 하
나님의 평강이 그리스도 예수 안에서 너희 마음과 생각을 지키시리
라 _빌립보서 4:6-7

양배추밭

한림(寒林)으로 가는 길이었다.

"엄마, 초록 꽃이 피었어요. 엄청 많이요, 엄청 커요!"

한림의 양배추 밭에서

그레이스의 우렁찬 목소리에 차를 세워야 했다. 아이가 차창을 내리고 바라본 곳은 끝도 없이 펼쳐져 있는 양배추밭이었다. 경이로움에 찬 아이의 눈망울을 보며 "꽃을 보고자 하는 사람에겐 어디에나 꽃이 피어 있다."라고 말했던 앙리 마티스(Henri Matisse)가 떠올랐다. 밭에 심은 양배추를 가히 초록 꽃이라 표현하는 우리 그레이스, 이런 목가적인 환경에서도 도담도담 잘 자라 주는 아이에게 고마웠다.

꽃을 본 나비가 어찌 불을 헤아릴 수 있을까? 초록 꽃에 이끌린 듯 우리는 차에서 내려 밭 가까이에 가 앉았다. 저 끝 너머, 또 그 너머에도 온통 양배추가 심겨 있을 것만 같았다. 눈은 아득히 먼 곳에 두고, 두 귀는 밭 곁에서 가만히 바람의 소리를 들었다. 들숨에 실려 들어 온 밭 내음이 너무 좋았다. 거친 흙냄새가 이렇게나 마음을 맑게 할 수 있다니…. 생각해 보면 하나님께서는 이미 다 주신 것 같다. 이 낮은 하늘과 농작할 만한 땅, 그리고 비를 품은 구름과 바람까지 주셨으니…. 이렇게나 눈부신 태양 아래 우리에게 무엇이 더 필요할까?

🌿 그가 구름으로 하늘을 덮으시며 땅을 위하여 비를 준비하시며 산에 풀이 자라게 하시며 _시편 147:8

그 충만한 풍경이 그레이스의 마음속에 천천히 내려앉을 즈음, 아이의 혼잣말이 들려왔다.

"이렇게 많은 걸 어떻게 다 심었지? 어떻게 다 옮겼지? 아, 처음에는 아기처럼 작은 씨앗이었을 거야…."

그러며, 갑자기 휙 고개를 돌려 내게 물었다.

> "엄마! 나도 엄마 배 안에서는 아주 작은 씨앗이었지요? 그런데 이만큼 자란 거지요?"

순간, 눈물이 차올랐다. 아주 가끔이지만 너무나도 해맑은 표정으로 태생에 관해 묻는 그레이스와 마주할 때면 나는 늘 당황하여 멈칫한다.

> "엄마, 왜요? 엄마 눈이 빠알개졌어요."
> "그레이스… 가을바람이 너무 차다. 그치?…"

우리는 가던 길을 위해 다시 차에 올랐다. 애월에서부터 한림에 이르기까지 대부분의 밭에는 양배추가 심겨 있었다. 지형의 특성상 비교적 땅이 단단하고 평평한 곳이 많기 때문이다. 우리나라의 여름철 수확기 양배추는 주로 강원 지역에서 재배하고, 겨울철 월동 양배추는 제주에서 재배한다. 겨울철 양배추 농사는 7월에 씨앗을 파종하여 8월에 정식을 하고, 12월부터 수확이 시작되어 2월이면 모두 끝이 난다. 지금이 한창때인 것이다.

나를 물끄러미 바라보며 "엄마, 왜요?"라고 묻던 아이의 연못처럼 맑은 눈망울 때문에, 연실 코끝과 마음이 시큰거리던 오후였다.

"그레이스, 양배추를 심어 놓은 애월과 한림의 땅처럼 엄마의 마음 밭도 더욱 단단해지도록 잘 일구어 갈게. 엄마의 마음 밭에서는 초록 꽃보다 더 귀하고 예쁜 우리 그레이스가 자라니까, 꿈을 꾸니까…."

🌿 우리 주 예수 그리스도와 우리를 사랑하시고 영원한 위로와 좋은 소망을 은혜로 주신 하나님 우리 아버지께서 너희 마음을 위로하시고 모든 선한 일과 말에 굳건하게 하시기를 원하노라 _데살로니가후서 2:16-17

연리(蓮理)

바람이 온갖 향기를 싣고 오듯 비도 그렇다. 오늘처럼 비가 내리는 숲은 흙냄새, 풀 냄새, 나무 냄새로 가득하다. 오늘은 그레이스와 함께 세계 최대 비자나무 군락지이며 천연기념물로도 지정된 제주 평대리 비자림, 그 숲을 걸었다.

평대리 비자림의 사랑나무,
연리목

비와 함께 안개가 너풀거리며 춤을 추고 있었다. 조금 으스스했다. 그레이스는 입구에 들어서자마자 돌담을 타고 흐르는 으름덩굴과 궁전의 계단처럼 말려 있는 여러 양치식물들, 그리고 말오줌때를 보면서 다소 긴장한 듯 물었다.

너의 심장소리
가을 정원 – 연리(蓮理)가 되어

"엄마, 여기가 혹시 쥐라기 공원인가요?"라고 말이다. ^^ 2,570그루의 비자나무가 동시에 뿜어내는 숨소리를 들었거나, 이곳에 있는 나무들이 거의 300~600살이라고 하니 그 기세에 숨을 죽이게 되었는지도 모르겠다. 아무튼 우주 겁보 그레이스와 엄마가 한참을 걸어 도착한 곳은, 고려 명종 20년(1189년)에 태어나 800년이 넘게 한 자리를 지키고 있는 높이 14m의 '새천년 비자나무' 앞이었다. 우리는 한참을 그 앞에 서 있었다. 아마도 그 어마어마한 웅장함에 압도당한 것이 틀림없었다. 그리고 저만치 마주한 곳에는 비자림의 사랑 나무로 유명한 연리목이 심겨 있었다.

뿌리가 다른 두 나무가 서로 합쳐지는 현상을 '연리(蓮理)'라고 한다. 뿌리가 붙으면 연리근(蓮理根), 줄기가 붙으면 연리목(蓮理木), 가지가 붙으면 연리지(蓮理枝)라고 하는데, 이렇게 맞닿아 연이어진 모양이 예전에는 지극한 효성을 나타냈으나, 현재는 남녀 간의 사랑 혹은 짙은 부부애를 비유하는 말이 되었다고 한다. 생물의 세계는 강한 자만이 살아남는 철저한 적자생존의 법칙을 따르기 때문에 두 그루의 나무가 너무 가까이 붙어 있으면 둘 중 하나는 시들거나 혹은 치열한 싸움 끝에 둘 다 죽기 마련인데, 간혹 이렇게 둘이 하나가 되어 공생할 방법을 찾는 나무들이 있다. 연리목은 홀로 존재했을 때보다 더 훌륭한 내병성을 가질 뿐 아니라, 기특하게도 각자의 특성이 유지되어 원래 제 색깔 그대로의 꽃을 피워 낸다.

그레이스가 솔방울을 찾아 신나게 뛰어다니는 동안 나는 연리목 앞으로 발

걸음을 옮겼다. 기둥이 합쳐진 모습이 마치 그레이스와 나의 모습 같아서 넋을 놓고 바라보았다. 생물학적 뿌리는 다른 곳에 두고 있지만 너무나도 뜨겁게 하나 된 엄마와 그레이스…. 연리는 그냥 이루어지는 것이 아니다. 서로의 껍질이 벗겨지고 터진 속살의 결이 하나가 되기까지 숱한 고통을 감내해야 하기 때문이다. 훤히 드러낸 속살 위로 모진 비바람과 눈보라가 다녀갈 때마다 얼마나 아팠을까 생각하니 가슴이 뜨거워졌다. 그렇게 몇 겹의 세월을 견뎌 낸 후에서야 비로소 새로운 껍질이 덮였을 테니 말이다.

그레이스와 우리 가정이 하나가 되기까지도 숱한 아픔이 있었다. 그리고 앞으로도 함께 해결해 가야 할 많은 일들이 남아 있다. 하지만, 유전적 형질이 달라 서로 다른 색깔의 꽃을 피워 낸다 해도 나는 그레이스를 끝까지 존중하고 응원할 것이며, 혹여 우리의 다름을 경히 여기는 세상의 편견들을 만난다 해도 믿음으로 잘 이겨 나갈 것이다. 나와 그레이스는 홀로 존재했을 때보다 더욱 지혜롭고 강건해졌기 때문이다.

"사랑하는 그레이스, 숲에는 수많은 나무들이 살고 있듯이 이 넓은 지구 안에도 수많은 엄마들이 살아가고 있겠지? 그 가운데 이렇게나 부족한 엄마 곁으로 와 나와 연리(蓮理)가 되어 줘서 정말 고마워. 이 세상에서 가장 아름다운 연리목이 되어 우리에게서 피어나는 꽃과 열매들로 이 땅을 더욱 향기롭고 풍성하게 하자꾸나. 오늘 더 사랑한다, 나의 그레이스!"

주께서 나의 슬픔이 변하여 내게 춤이 되게 하시며 나의 베옷을 벗기고 기쁨으로 띠 띠우셨나이다 이는 잠잠하지 아니하고 내 영광으로 주를 찬송하게 하심이니 여호와 나의 하나님이여 내가 주께 영원히 감사하리이다 _시편 30:11-12

추수감사절

추수감사절이 한 주 앞으로 다가왔다.

추수감사절은 1년 동안의 수확물과 추수에 대해 하나님께 감사를 올리는 매우 중요한 절기이다. 공휴일로 지정하여 지키고 있는 나라가 있을 만큼 부활절, 성탄절과 함께 기독교에서는 매우 의미 있는 날이다. 모세는 출애굽기를 통하여 하나님께서 지키라 명령하신 각 절기들의 중요성과 그에 따른 의미를 이스라엘 백성들에게 가르쳤다.

가을을 알리며 피어나는 꽃,
추명국

너의 심장소리
가을 정원 – 연리(蓮理)가 되어

↓ 맥추절을 지키라 이는 네가 수고하여 밭에 뿌린 것의 첫 열매를 거둠 이니라. _출애굽기 23:16

↓ 네 토지에서 처음 거둔 열매의 가장 좋은 것을 가져다가 너의 하나님 여호와의 전에 드릴지니라 너는 염소 새끼를 그 어미의 젖으로 삶지 말지니라 _출애굽기 23:19

우리 가정은 그레이스가 태어나기 전부터 매해 11월 셋째 주 추수감사절이 돌아오면, 힘든 농가들을 소개받고 그분들의 상품들을 구매하여 '감사 바구니'를 만들어 왔다.

그레이스가 등원한 후, 나는 우리가 함께 수목원에서 주워 온 솔방울들을 깨끗하게 정리했다. 솔방울을 두 개씩 실로 엮어 그 가운데 리본을 붙여 주면 멋스러운 장신구가 되는데, 준비해 둔 다섯 개의 바구니에 달아 줄 것이다. 물론, 얼핏 보아도 스무 개가 넘는 히데코 할머니(영화 〈인생 후르츠〉의 할머니)의 선물 상자를 생각하면 턱없이 부족하고, 또 직접 재배한 작물들도 아니지만, 마음을 담아 매해 조금씩 늘려가 보려 한다. 야무지게 엄마를 돕던 그레이스의 손재주에 내게도 용기가 생겼다.

올해의 감사 바구니에는 진안에 있는 사과 농장의 못난이 사과와 코로나 19로 인하여 값이 대폭 떨어진 남원의 노지 감귤을 담았다. 몇 개 안 되지만 모양이 예쁜 것은 생과일 그대로를 포장했고, 대부분은 잼으로 만들었다. 사과 농장의 아저씨는 열매의 크기를 키우기 위해 영양제를 주거나, 맛깔스러운 색깔을 내기 위해 잎을 따주고, 농약을 칠 만큼 생산비가 넉넉한 분이 아니시다. 그래서 사과의 크기도 일정하지 않고 색깔도 선명하지 않지만, 다행히 맛은 그 어떤 사과보다 훌륭하다. 또한 노지 감귤은 제주 5kg 기준 평균 가격이 올해(2021년) 9월만 해도 10,723원이었던 것이 두 달 새 7,407원으로 폭넓게 떨어지면서 감귤 발주량이 크게 감소되었다는 소식을 들었다. 감사하게도 서귀포 남원에서 홀로 농사를 지으시는 어르신을 소개받아 달콤한 것들로 넉넉히 구입해 두었다.

수목원에 가서 엄마와 솔방울을 줍고 마른 수건으로 사과를 깨끗하게 닦기, 귤껍질을 벗겨 뜨거운 열기 앞에서 달보드레한 잼을 만드는 일까지… 모두 즐겁게 도와준 그레이스에게 고마웠다. 이제 바구니에 추수감사절의 의미와 성경 말씀을 예쁘게 적은 카드만 넣으면 완성이다. 올해의 감사 바구니를 전해 드릴 분들은, 북한을 돕는 두 분의 선교사님 가정과 아직 복음이 들어가지 않은 가까운 지인들로 선정했다. 우리가 매일같이 들르는 꽃집의 아가씨와 그레이스의 미술 선생님, 그리고 그레이스를 너무도 사랑하는 유주 이모다.

추수감사절과 성탄절이 화려한 축제로 변해 가는 이 시대를 위해 기도한다. 하나님께서 이스라엘 백성에게 3대 절기(무교절, 맥추절, 수장절)를 반드시 지켜야 한다고 말씀하신 것(출애굽기 34장)은 절기를 통해 하나님의 백성임을 알고 구원과 자연의 소산, 범사에 감사하는 삶을 살라는 의미에서였다. 모세는 하나님 앞에서 사십 주야를 떡과 물도 마시지 않고 이 언약의 말씀을 모두 기록했는데, 이것은 후에 예수님께서 이루실 구원과 영원한 새 하늘과 새 땅을 계시하신 것이기도 했다.

그레이스와 함께했던 올해의 추수감사절 준비는 그 어느 해보다 기쁘고 행복했다. 계속해서 하나님께서 명령하신 절기들을 기쁨으로 전하고, 또 지켜 가는 가정이 되기로 마음먹는다.

> ↓ 네 재물과 네 소산물의 처음 익은 열매로 여호와를 공경하라 그리하면 네 창고가 가득히 차고 네 포도즙 틀에 새 포도즙이 넘치리라 _잠언 3:9-10

지는 꽃의 숭고함

세상 모든 식물은 한 송이의 꽃을 피우기 위해 사력을 다해야 하고, 땅에서 쓰러지는 마지막 순간까지도 씨앗을 키우기 위해 남아 있는 모든 에너지를 모아야 한다. 아무리 화려하게 피었다지만 지는 꽃의 모양새가 아름다울 수 없는 것은 이런 이유에서다. 그러하기에 마지막까지 제 기운을 모두 쏟아붓고 가는 꽃의 숭고함은 정말 위대하다.

식물의 꽃 피우기는 우리에게 있어 엄마가 아기를 갖는 것과 같고, 씨앗이 만들어지고 열매를 맺는 것은 아기를 이

앵두처럼 맺힌
아그베나무 열매

너의 심장소리
가을 정원 - 연리(連理)가 되어

땅에 내보내는 것과 같다. 꽃이 지는 수고처럼 엄마의 육체, 그 온 뼈마디가 모두 벌어졌을 때 비로소 아기는 이 땅으로 보내진다. 그리고 슬프게도 수분(受粉)이 다 된 꽃은 더 이상 할 일이 없다. 부모의 진정한 희생도 여기에 있지 않을까? 자녀를 위해 혼신의 힘을 다해서 살다가 젊음이라는 색채를 모두 흘려보낸 후, 거친 주름만을 새긴 채 이 땅에서 스러지는 것.

모든 엄마는 배 속에 있는 아기와 함께 열 달이라는 시간을 보내게 된다. 그때의 수고와 어려움은 그 누구도 대신해 줄 수 없다. 오롯이 엄마만의 몫이다. 대부분의 산모는 임신 초기에 심리적인 성향과 호르몬의 자극 등으로 입덧이라는 것을 경험하는데, 그것은 매우 피곤하고 괴로운 증상이다. 임신 중기에는 배 속의 아기가 자라면서 엄마의 몸무게도 부쩍 늘어나게 되며, 산모는 그에 따른 요통과 소화계의 어려움으로 인해 일상생활에 많은 불편함을 느끼게 된다. 물론, 임신 말기가 되어 아기를 세상에 내보내는 일은 더할 나위 없이 고통스럽다. 세상 모든 아기는 이러한 엄마의 사랑과 희생으로 이 땅에 태어난다.

나는 그레이스가 자기를 낳아 준 엄마에게도 감사하기를 바란다. 열 달이라는 시간을 보낸 후 그레이스를 처음 품에 안았을 때 그녀 역시 많이 고민했을 것이다. 그레이스는 2.3kg의 아주 작은 아기였고, 게다가 선천성 심장병까지 앓고 있었으니 입양을 결정하기까지 얼마나 많은 갈등과 아픔이 있었을까. 분명 더 좋은 형편과 환경에서 치료하여 보다 건강하게 성장하기를 바랐을 것이다. 물론 부모는 처해 있는 조건이 어떠하든, 비록 그 환경이 비루할지라도 자녀를 끝까지 책임져야 함을 알고 있다. 그럼에도 불구하고 그레이스가 감사하기를 바라는 것은, 그 모든 혼란 속에서도 배 안의 아기를 끝까지 지켜 낸 그녀의 희생에 대해서다. 나는 그것 역시 사랑이라 말하고 싶다. 내 몸의 변화와 고통을 끝까지 감내해야만 하나의 생명체가 세상 밖으로 나올 수 있음을 아이가 기억해 주기를 바라는 마음이다.

그레이스는 생후 열흘 만에 복지회에 입소했고, 입소한 지 24일 만에 남편과 나를 처음 만났다. 그리고 그 사이 시간과 집으로 오는 날까지는 복지회 선생님들의 사랑과 충분한 보살핌이 있었다. 나는 그레이스가 하나님께서 얼마나 본인을 사랑하고 축복하셨는지 깨닫게 되기를 바란다. 무엇보다 남편과 나는 우리의 생명이 다하는 날까지 그레이스를 지키고 보호할 것이며, 이 소중한 인연의 끈을 절대 놓지 않을 것이기에 그렇다.

먼 훗날, 하나님께서 그레이스를 낳아 준 엄마와의 만남을 내게 허락해 주신다면, 나는 그녀에게 꼭 감사의 인사를 전하고 싶다.

> "그레이스를 열 달 동안 지켜 주셔서 고맙습니다. 당신의 사랑과 희생으로 당신과 나의 딸 그레이스는 이렇게 잘 자랄 수 있었습니다."

🌿 사랑하는 자들아 우리가 서로 사랑하자 사랑은 하나님께 속한 것이니 사랑하는 자마다 하나님으로부터 나서 하나님을 알고 사랑하지 아니하는 자는 하나님을 알지 못하나니 이는 하나님은 사랑이심이라

_요한일서 4:7-8

빠오즈(包子)와 머플러 1

나는 서른 중반 즈음에 중국 의대(中医藥大學校, Chinese Medicine)에 입학했다. 한국에서 아동학을 공부했기에, 의대에서는 4, 5학년 전 실습 과정을 소아과(中医兒科)에서 지냈다. 어릴 때부터 아이들을 무척 좋아했는데, 만약 가톨릭의 환경에서 성장했다면 분명 고아들과 함께 밭을 가꾸고 꽃을 기르는 수녀가 되었을 것이다. 하지만 나는 개신교인이었고 그래서 선교사가 되는 것이 꿈이었다.

4학년 1학기가 시작되며 처음 강의동이 아닌, 학교의 부설 종합병원에서 실

중국 의대병원의 뒤뜰,
진료를 마친 아이들

너의 심장소리
가을 정원 – 연리(蓮理)가 되어

습이 시작되었다. 실습이 있던 첫날, 빨갛게 이름이 새겨진 가운을 입고 1층 진료소를 향해 걸어가는 중이었다. 그때만 해도 번호표를 뽑는 시스템이 도입되기 전이었고, 마침 감기 환자가 가장 많은 환절기라 환자들은 수납을 위해 현관까지 줄을 서 기다리고 있었다. 그런데 그때, 수납 창구 직원의 높은 언성과 함께 허둥대며 당황해하시는 할머니 한 분과 서너 살이 되어 보이는 어린 남자아이가 보였다. 왜 돈도 없으면서 병원에 왔냐, 다음 사람이 기다리고 있으니 나중에 오라는 직원의 차고 거친 목소리에 줄을 서 있던 다른 환자들도 무척 당황스러워하는 표정이었다. 나는 그리로 빠르게 달려가 우선 할머니께 자초지종을 들었다. 분명, 이 가방 안에 지갑을 챙겨 왔는데 어찌 된 일인지 사라지고 없다는 것이다. 자세히 들여다보니 가방의 밑이 크게 찢겨 있었는데, 분주한 틈을 타 누군가가 지갑을 훔쳐 달아난 것이 확실했다. 나는 우선 내가 가지고 있던 점심값으로 접수를 도와드리고 서둘러 할머니와 아이를 데리고 진료소 쪽으로 이동했다.

하지만 할머니의 얼굴에는 여전히 근심이 가득했다. 이제 진료는 받을 수 있게 되었으나, 진료를 마치면 진료비와 약값을 또 계산해야 하기 때문이었다. 손주로 보이는 아이는 심한 기침을 하고 있었는데 목덜미에 피어난 열꽃을 보니 이미 열이 올랐다가 떨어진 지도 꽤 지난 듯했다. 그런데 이제야 병원에 왔다니…. 아이가 손에 쥐고 있는 진료소 번호가 눈에 띄었다. 마침 오늘 내가 첫 실습을 들어가는 방과 같은 번호였다. 나는 우선 할머니를 안심시키고 무사히 진료를 마친 뒤, 처방전을 받아 함께 진료소 밖으로 나왔다. 그리곤 비상비로 늘 챙겨 다니는 150위엔을 꺼내 할머니께 드렸다. 오늘은 이것으로 진료비와 약값이 충분할 테니 돌아가 따뜻한 보리차와 함께 처방받은 약을 모두 먹여야 한다는 당부도 잊지 않았다.

실습 첫날의 긴장과 분주했던 오전 진료 시간이 끝나고 드디어 점심시간이 되었다. 물론, 내 주머니에는 점심값이 없었다. 그런데 바람이라도 쐴 겸 병원 울타리를 따라 걷던 중, 울타리 밖으로 오전에 만났던 할머니와 손주가 노점을 하고 있는 것이 보였다. 자세히 보니 찜통을 가져다 놓고 빠오즈(중국식 찐만두)를 팔고 계셨던 것이다. 나는 거리에서 계속 기침을 쏟아 내고 있는 아이가 걱정되어 울타리를 넘어 그들 곁으로 갔다. (물론 20분을 돌아 정문으로 나가는 것이 옳았지만, 나에게 주어진 점심시간은 고작 30분이었고 사실 그전에도 종종 이 구멍을 이용해 왔었다. ^^;)

할머니는 나를 보자마자 자리에서 일어나시더니 막 쪄낸 빠오즈에 새콤한 간장을 뿌려 주셨다. 그리고는 주머니에서 꾸깃꾸깃한 잔돈을 모두 꺼내어 하나하나 펼치시더니, 약 20위엔 가량의 돈을 내 가운 주머니에 넣으셨다. 병원에서 돈을 다 잃어버리고 이것이 남은 돈의 전부라며 금세 모아 줄 테니 조금만 더 기다려 달라고 하셨다. 나는 머플러를 벗어 아이의 목에 둘러 주고, 할머니께서 주신 돈을 다시 할머니의 앞치마에 넣어 드리고 돌아왔다. 그리고 3주가 지난 어느 날엔가, 할머니는 병원으로 찾아와 내게 150위안을 모두 돌려주셨다. 한사코 주머니에 돈을 넣으시는 할머니의 기운을 이겨 낼 재간이 없어서 우선은 그 돈을 받았지만, 주말에 푸장청(服裝城)으로 가서 낡고 닳아 허름했던 할머니의 방석을 솜 듬뿍 넣은 방수 방석으로 맞추어 깔아 드렸다.

그 후, 진료소가 있는 본관과 그곳에서 20m 정도 떨어진 소아병동을 오가며 나는 바쁘게 병원 생활을 해 나갔다. 시험과 실습을 동시에 준비해야 했기에 병동 밖으로 나가 할머니를 뵙는 일은 점점 더 어려워지고, 고작 병원 식당으로 내려가 마라탕 한 그릇을 10분 만에 비워 낸 후 다시 병동으로 돌아오는 일이 전부였다. 가끔 할머니의 새콤한 간장이 뿌려진 빠오즈가 너무 그리웠지만, 방학도 반납한 채 어느덧 더욱 바빠질 4학년 2학기의 실습이 시작되었다.

그러던 어느 날부터인가 늘 계시던 자리에 할머니가 보이질 않았다. 병원 가까이에 있는 상점에도 묻고, 병원 문을 교대로 지키는 다섯 분의 경비 아저씨께도 모두 물어봤으나 그들 역시 할머니의 소식을 알지 못했다. 그날 이후에도 나는 틈이 날 때마다 그 자리를 찾아갔다. 일부러 조금 돌아 그 길을 통해 출퇴근했지만 할머니와 즈루이(子睿)를 다시 만날 수는 없었다.

> 🜲 내 형제들아 만일 사람이 믿음이 있노라 하고 행함이 없으면 무슨 유익이 있으리요 그 믿음이 능히 자기를 구원하겠느냐 만일 형제나 자매가 헐벗고 일용할 양식이 없는데 너희 중에 누구든지 그에게 이르

되 평안히 가라, 덥게 하라, 배부르게 하라 하며 그 몸에 쓸 것을 주지 아니하면 무슨 유익이 있으리요 이와 같이 행함이 없는 믿음은 그 자체가 죽은 것이라 _야고보서 2:14-17

빠오즈(包子)와 머플러 2

중국 삼자교회의
주일예배

그 후, 2년이라는 시간이 흐르고 나는 의대를 졸업했다. 그리고 남편의 사업과 선교가 확장되면서 우리 가족은 지역을 옮겨 다른 도시로 이사를 하게 되었다. 나는 그곳에서 자녀들을 양육하고, 남편은 계속해서 집과 선교지인 운남성(雲南城)을 오가는 생활을 했다. 물론, 아이들이 방학을 맞이하면 나는 남편과 함께 회사의 선교 활동을 도울 수 있었다. 회사가 섬기는 여러 소학교에 찾아가 그 아이들과 함께 그림을 그리고, 각자가 그린 그림으로 마음을 치료해 주는 일이었다.

그곳의 아이들도 방학을 하고 모두 집으로 돌아간 어느 날, 미얀마와의 접경 지역에서 가장 가까운 곳에 위치한 한 소학교의 기숙사를 청소하는 날이었다. 왼쪽과 오른쪽, 양쪽으로 각 3개의 2층 침대가 놓여 있는 좁고 기다란 방이었다. 그날 내가 맡은 작업은 아이들의 침대 시트를 바꾸어 주는 것이었는데, 처음으로 들어간 방은 7살 된 학생들의 기숙사였다. 먼저 2층으로 올라가 침대를 정리한 후, 다시 내려와 1층을 정리하던 중이었다. 주황과 보라색의 체크무늬, 너무도 낯익은 색감의 머플러 하나가 베개 위에 놓여 있었다. 나는 순간, 가슴속에 꽁꽁 묻어 두었던 빠오즈 할머니와 네 살배기 어린 즈루이가 떠올랐다. 몇 해 전, 내가 즈루이의 목에 둘러 주었던 머플러와 같은 것이었기 때문이었다. 하지만 이 넓은 중국 땅에 같은 모양의 머플러가 어디 한두 개이겠는가? '그래, 아닐 거야. 설마….' 잠시 놀랐던 마음을 추스르고 먼지가 쌓인 책상을 훔치며 어지럽혀진 책과 연필통을 정리하기 시작했다. 그런데 책상의 한 귀퉁이에 아주 자그마한 글씨로 이 방을 사용하는 아이들의 명단이 붙어 있었다. 나는 혹시나 하는 마음에 12명의 이름을 천천히 읽어 내려갔다.

그런데! 놀랍게도 명단의 맨 마지막에 쓰인 이름은, 李子睿(li zi rui)였다.

나는 그 자리에서 한참을 생각했다. 정말 내가 아는 즈루이가 맞을까? 만약 그렇다면, 어느날 갑자기 할머니와 사라져 버린 그 아이가 어떻게 이곳까지 와 있는 것일까? 나는 처음 즈루이를 만났던 시기와 지금의 나이를 계산해 보았다. 연령으로는 분명했다. 그러나 이곳은 우리가 만난 도시에서 대략 4,500km나 떨어진 또 다른 성(城)이었기에 아직 확신할 수는 없었다. 청소를 모두 마치고 난 후, 우리는 학교에서 마련한 식당으로 이동을 했다. 마침 내 옆에는 오늘 하루 청소를 안내해 주었던 이 학교의 주임 선생님이 앉았다. 나는 조심스레 '리즈루이'라는 아이에 대해 물었다. 놀랍게도 선생님은 바로 그 이름이 내가 알고 있는 즈루이라는 것을 여러 차례 증명해 주었다. 어릴 적에 타 성(城)에서 할머니와 살았는데, 할머니가 병안으로 돌아가신 후 이곳이 고향인 엄마에게 맡겨졌다는 것이다. 즈루이가 태어나고 부모는 이혼을 했단다. 그 후 엄마는 홀로 본인의 고향인 운남으로 돌아왔고, 아빠에 대해서는 전혀 아는 것이 없다고 했다. 어떻게 이런 일이 일어날 수 있을까? 그것도 이렇게나 넓은 중국 땅에서 말이다.

나는 이곳에서 즈루이의 이름을 발견하기 전까지는 나름 타국에서 열심히 살아왔다고 자부해 왔다. 그런데 그 이름이 내가 알고 있는 즈루이라는 것을 확인한 후부터는 가슴이 먹먹해져 밥 한 수저 삼킬 수가 없었다. 조금 더 가까이에서 할머니와 즈루이를 들여다보고 챙겼어야 했다. 마지막으로 뵈었을 때를 겨우 기억해 냈지만 나는 그때도 할머니께서 편찮으시다는 것을 눈치채지 못했었다. 손주의 병원비 150위안도 한참이나 걸려서 내게 돌려주셨던 분이, 어찌 본인의 병원비를 마련할 수 있었을까? 후우….

더 이상 식당에 앉아 있을 수가 없어 혼자 밖으로 나와 학교를 향해 걸었다. 그리고 즈루이가 신나게 뛰어놀았을 운동장을 바라보았다. 시간을 되돌리고만 싶었다. 할머니와 헤어져 살아 온 몇 해를 모두 반납해서라도 정말이지 그렇게 하고 싶었다. 어느 날 갑자기 할머니가 사라진 후, 나 역시 꽤 오랜 시간 그 자리를 배회하며 할머니를 그리워했고 다른 도시로 이사를 떠나던 날에도 비행기 안에서 얼마나 많은 눈물을 흘렸는지 모른다. 다시는 만날 수 없을 것만 같았기 때문이었다.

나는 할머니와 즈루이와의 그 짧았던 만남을 통해 너무도 값진 것을 배우고 깨달았다. 잠시 곁을 스치는 사람일지라도 그 하루에 만나는 모든 사람은 하나님께서 내게 보내신 특별한 선물이라고 믿는 마음이 그것이다.

믿음이 없는 사람들에게는 즈루이와의 재회가 그저 '세상 참 좁다.'라는 한마디로 두리뭉실 읽힐지 모르겠다. 그러나 나에게는 이 모든 상황이 결코 우연일 수 없다. 온 마음을 다해 즈루이에게 복음을 전할 것이기에 그렇고, 즈루이를 통하여 중국의 운남성이 복음으로 변화되어 가는 것을 반드시 묵도할 것이기에 그렇다. 시간을 되돌릴 수 없다면, 그래서 다시 할머니와 즈루이를 안아 줄 수 없다면 그 잃어버린 시간 앞에 내가 할 수 있는 최선은, 매일매일 또 한 명의 할머니와 즈루이로 보내지는 이들을 다시는 놓치지 않는 것이다. 그들이 누구이든 뜨겁게 안아 주고, 나의 착한 행실을 통하여 복음을 전해야 하는 것이다.

무슨 일을 하든지 마음을 다하여 주께 하듯 하고 사람에게 하듯 하지 말라 이는 기업의 상을 주께 받을 줄 아나니 너희는 주 그리스도를 섬기느니라 _골로새서 3:23~24

겨울 정원

만지면
손에 향기가
남는 꽃

겨울 정원

실오라기 하나 걸치지 않은 겨울나무들의 잔가지 사이로 짙은 호박빛 노을이 펼쳐져 있다. 나는 온실로 나와 천장 밖의 하늘을 올려다보았다. 스테인드글라스의 검은 선들 사이마다 샛노란 유리가 끼워져 있는 듯 그 빛깔이 무척 신비롭고 아름답다. 나는 이 시간을 참 좋아한다. 모든 감각이 깨어 고양되는 듯한 해 질 녘의 겨울 정원은, 그 어느 때보다 아늑하고 고요하기 때문이다.

2019년 12월, 코로나19가 시작되기 바로 전이었다. 제주에서 성탄을 보내고

고개를 숙이고 피는 꽃,
스노우드롭

너의 심장소리
겨울 정원 – 만지면 손에 향기가 남는 꽃

난 뒤, 남편과 나 그리고 그레이스는 우리의 영적 자녀인 에런과 셀린을 만나기 위해 영국으로 떠났다. 그리고 그곳에서 틈틈이 영국의 겨울 정원을 찾아다녔다. 지금도 두 눈을 감으면, 겨울 땅을 적시던 안개비와 대지에서 올라오던 그 습한 흙내음이 코끝을 두드린다. 그러며 찰나의 순간, 아주 심오한 고요와 함께 왕립식물원 큐가든(Royal Botanic Gardens, Kew)을 산책하던 순간으로 젖어 든다.

갑작스레 내리는 비를 피하러 들어갔던 팜하우스(Palm House)에서 잠시 숨을 고르고, 화살처럼 따가운 바람을 맞으며 템퍼레이트하우스(Temperate House)를 향해 걸어가던 중이었다. 커다란 나무 아래마다 스노우드롭(Snowdrop)이 무리 지어 피어 있었다. 고개를 숙이고 피어나는 꽃이라 그럴까? 아래로 향한 하얀 꽃부리는 마치 수녀님들의 머릿수건 같았고, 불현듯 그 꽃의 무리가 기도하는 여인들처럼 느껴졌다. 인적이 드물고 고요했다. 나는 가만히 나무 아래로 들어가 그 무리 속의 여인들과 함께 기도했다. 바람에 휘감긴 나뭇가지와 살랑이며 춤추는 잎사귀들의 웅성이는 소리가 마치 모든 숲이 하나님을 노래하는 것처럼 들려왔다. 돔 천장에 부딪혀 사방으로 울려 퍼지는 그레고리안 성가처럼, 바람과 나무와 꽃들의 찬양이 감미롭고도 웅장했다. 하나님의 숨결로 지음받은 세상 모든 것들이 동시에 하나님을 찬미하는 꿈처럼 아름다운 순간이었다.

가까이에서 새가 퍼덕이는 소리에 놀라 눈을 떠 보니, 서쪽 하늘가에는 노을이 꽃물처럼 흩어져 가고 멀지 않은 곳 어디에선가 백서향의 향기가 실려 왔다. 시리도록 붉은 하늘, 그리고 찬 공기를 채우던 알싸한 꽃의 향기가 성큼성큼 나와 온 대지를 빠르게 덮어 가던 그 숲의 풍광을 어찌 잊을 수 있을까?

이제 제주의 겨울 정원으로 돌아와야겠다. 1월의 바깥 정원은 잠시 쉼을 얻은 듯하지만 사실 이맘때의 온실은 매우 분주하다. 봄에 밭으로 옮겨 심을 꽃들의 씨앗 발아와 꺾꽂이, 가지치기, 그리고 접목을 위해 모아 둔 가지들을 분류하는 일까지…. 더구나 이 시기의 온실 안은 여러 가지의 원예 공구와 도구들로 발 디딜 곳조차 없다. 내일은 그레이스와 함께 채취한 뒤 그대로 펼쳐 말려 둔 씨앗들을 병에 담기로 했다. 한 꼬집 떼어 낸 솜사탕처럼 보송한 추명국(秋明菊)의 씨앗들이 스며들어 온 바람에 흩날려 버리면 무지 속상할 테니까. 비슷한 씨앗들이 많아 병마다 꽃의 이름을 붙여 두는데, 매해 그 작업은 삐뚤빼뚤 사랑스러운 글씨, 그레이스의 도움을 받는다.

심어 놓은 씨앗들에 물을 듬뿍 주고 온실에서 나와 다시 한번 하늘을 올려다보았다. 어느새 노을마저 떠난 하늘가엔 별꽃나무가 아름답다. 잎을 모두 떨군 마른 가지 끝에 별이 걸려 반짝이는 모습은 오직 겨울밤에만 볼 수 있다. 그래서 오늘처럼 별이 크게 빛나는 날에는 홀로 남은 가지도 외롭지 않다.

깊이 잠들어 있는 그레이스의 곁에 살며시 눕는다. 오늘 밤도 그레이스의 베이비로션 내음은 달큼한 은목서(銀木犀)의 꽃향기만큼이나 나를 행복하게 한다. 잘자요, 나의 천사 그레이스!

> 주께서 내 마음에 두신 기쁨은 그들의 곡식과 새 포도주가 풍성할 때보다 더하니이다 내가 평안히 눕고 자기도 하리니 나를 안전히 살게 하시는 이는 오직 여호와이시니이다 _시편 4:7-8

새벽 산책

어디선가 밤새 태운 듯한 장작 내음이 찬 공기에 실려 와 가만히 코끝에 걸리는 새벽이다. 시름한 잔디 위로 서리가 보석처럼 반짝이고 있다. 나는 조금 일찍 하루를 시작했다.

작년에 꽃이 없던 매화나무에 꽃눈이 제법 많이 달려 있다. 목련나무 역시 솜털 옷을 입은 꽃눈과 매끈한 잎눈이 가득한 것을 보니, 곧 만나게 될 새봄에는 화목류의 꽃들이 정원을 풍요롭게 할 듯싶다. 오랜만에 새벽을 산책하니 도리어 해 아래에서는 보이지 않던 움직

먼나무의 붉은 열매가
가장 아름다운 날

너의 심장소리
겨울 정원 – 만지면 손에 향기가 남는 꽃

잎들, 그리고 태양과 식물이 만나 만들어 놓은 흔적들이 눈에 들어왔다. 나무가 자라며 터지는 수피(樹皮)의 고통이 보이고, 살짝 벌어진 동백 꽃잎 사이로 충만하게 들어찬 샛노란 수술도 보이고….

새벽의 고요만이 주는 선물이다.

고요한 새벽이 없다면 아침이 그토록 눈부시지 않을 것이며, 침묵의 겨울이 없다면 새봄 역시 그토록 찬란하지 않을 것이다. 이렇듯 고난 없이 사는 인생이라면, 어찌 감사가 있을 수 있으며 희망을 품을 수 있을까?

이따금 우리가 어려움을 통해 더욱 겸손하고 강건해지듯이 몇 가지의 식물들도 그러하다. 봄에 피어나는 튤립과 수선화처럼 온대성 기후에서 자생하는 구근 식물은 반드시 추위를 경험해야 봄에 싹을 틔운다. 혹독한 겨울을 보낸 후에야 비로소 아름답고 건강한 꽃으로 피어날 수 있는 것이다. 시인 칼릴 지브란(Kahlil Gibran) 역시, 그의 저서 『눈물과 미소』에서 "사랑은 매서운 겨울을 견디고 봄에 꽃이 피고 생장하여 여름이 되면 영광이라는 결실을 맺는다."고 말했다. 사랑과 꽃 그리고 우리의 인생처럼, 세상 모든 아름답고 소중한 것들은 고난을 통해 더욱 견실하고 멋스러워진다는 것을 의미할 것이다.

살아가다 보면 새벽과 겨울이 조금 길게 느껴지듯 당장은 그 이유를 알 수 없는 시련의 시간을 만나게 된다. 그러나 그러한 날들과 마주하게 되더라도 꽃처럼 잠잠하게 인내해 가야 한다. 하나님께서 허락하시는 고난의 끝에는 반드시 아침과 새봄이라는 희망이 진주처럼 숨어 있기 때문이다. 누구에게나 고난은 고통스럽지만, 그 고난에도 의미가 있다고 믿는다면 놀랍게도 그것은 유익이 된다. 누구나 어릴 적에는 빵 속의 크림을 눈치챌 수 없다. 보이는 것이 전부일 테니까. 하지만 기도 가운데 고난의 시간을 모두 보내고 나면 반드시 봄을 알리는 전령사로 꽃 피울 수 있고, 빵 속의 부드러운 크림을 맛볼 수 있으며, 이윽고 아주 커다란 사명을 감당할 수 있는 성숙에까지 이르게 된다.

아직 도달하지 않은 고난의 시간을 겁낼 필요는 없다. 하나님께서 나의 역량보다 큰일을 맡기시거나 혹은, 우리의 성장을 위해 힘겨운 길을 여실 때는 반드시 감당할 수 있는 능력도 함께 주시기 때문이다. 무엇보다 고난 가운데도 늘 함께하신다. 하나님의 목적은 고난 그 자체에 있지 않고, 그 너머의 성장과 온전한 믿음에 있기에 그렇다. 출애굽을 이끌어야 했던 80세의 입이 뻣뻣하고 혀가 둔했던 모세에게도(출 4:10-17), 17세의 어린 나이에 부름을 받은 선지자 예레미야에게도(렘 1:4-10) 그러하셨다. 물론 그들이 끝까지 승리할 수 있었던 것은, 자기 스스로의 능력이나 경험 때문이 아니다. 하나님의 약속만을 믿으며 걸어갔기 때문이었다.

고난 가운데 있는 우리에게 도움이 되는 말씀이다.

❧ 여호와의 말씀이니라 너희를 향한 나의 생각을 내가 아나니 평안이요 재앙이 아니니라 너희에게 미래와 희망을 주는 것이니라 _예레미야 29:11

❧ 사람이 감당할 시험 밖에는 너희가 당한 것이 없나니 오직 하나님은 미쁘사 너희가 감당하지 못할 시험당함을 허락하지 아니하시고 시험당할 즈음에 또한 피할 길을 내사 너희로 능히 감당하게 하시느니라 _고린도전서 10:13

❧ 그러나 이 모든 일에 우리를 사랑하시는 이로 말미암아 우리가 넉넉히 이기느니라 _로마서 8:37

나는 그레이스가 앞으로 만나게 될 고난 가운데 꼭 기억해 주기를 바라는 것이 있다. 고난은 믿음이 귀히 자라기에 가장 좋은 토양이라는 것과 하나님께서는 메마른 땅에 물을 주시고, 그곳에 시내가 흐르게 하시는 능력과 위로의 아버지이심을 말이다.

❧ 그가 내게 대답하여 이르되 여호와께서 스룹바벨에게 하신 말씀이 이러하니라 만군의 여호와께서 말씀하시되 이는 힘으로 되지 아니하며 능력으로 되지 아니하고 오직 나의 영으로 되느니라 _스가랴 4:6

동백꽃

동백꽃의 노오란 수술을 따다 엮어, 그 고운 금실로 그레이스의 하얀 원피스에 수를 놓으면 얼마나 예쁠까? 모든 꽃이 지고 떠난 제주의 바닷길마다 불꽃 같은 꽃이 피어나고 있다. 동백꽃이다. 동백꽃(Camellia japonica L.)은 쌍떡잎식물 물푸레나무목 차나무과의 상록교목이다. 꽃이 지고 없는 겨울의 끝에서 봄을 안고 피어난다.

나에게 동백꽃의 인상(印象)은 애잔함이다.

차 맛이 달큰한
홀겹 동백꽃

너의 심장소리
겨울 정원 – 만지면 손에 향기가 남는 꽃

제주로 내려온 첫해 겨울이었다. 바람 한 점 없는 아주 맑고 파란 날, 나는 해안을 따라 동백꽃이 심긴 바닷길을 걷고 있었다. 튼실한 붉은 꽃송이가 그렇게나 많이 피어 있는 군락은 처음이었기에 그 매혹적인 풍경에 정말이지 숨이 막힐 듯했다. 그렇게 느리게 걷고 있던 내 발 앞에 갑자기 붉은 꽃이 '툭!' 하고 떨어졌는데 얼마나 놀랐던지…. 지금 생각해도 가슴이 철컹한다. 한 생에 두 번 피는 꽃이 어디 목화뿐이겠는가, 왜 동백이 '나무에서 한 번, 떨어진 곳에서 또 한 번', 그렇게 두 번 핀다고들 하는지 알 것 같았다. 금빛 수술 그대로 꽃잎 하나 상처 없이 또 꽃물 하나 바래지 않고 떨어진 꽃송이를 보면서, 음… 가슴이 아팠다고 해야 할까? 무척 애잔했다. 분명 지는 꽃의 낯빛은 아니었으니까.

동백은 제주의 4·3을 상징하는 꽃이기도 하다. 강요배 화백의 4·3 연작 시리즈인 『동백꽃 지다』의 표지화 및 작품으로 등장하면서부터 그렇게 이미지화되었다. 작품의 전면에는 가지에서부터 통꽃으로 떨어지는 동백을 포착하여 나타냈고, 작품의 좌측 상단부 원경에는 눈밭에 몰려 있는 토벌대들과 그 가운데 한 사내가 나대를 들고 내리치는 모습이 보인다. 붉은 피가 떨어진 하얀 눈밭이 너무도 가슴 시린 이 작품은, 당시에 희생당한 제주도민을 '떨어진 동백'으로 상징하여 표현한 것이라고 한다.

마음이 이끌었던 것일까? 그 다음 해 봄, 허전해 보이던 우리 집 담장을 애기동백(Camellia sasanqua Thun b.)으로 둘러 가며 심었다. 학명을 보면 알 수 있듯이 동백과 애기동백은 엄연히 다른 나무이다. 애기동백꽃의 꽃은 기름으로 많이 쓰이는 반면, 동백꽃은 꽃차를 만들 때 많이 사용하는데 동백꽃은 홑겹과 겹꽃 두 가지의 종류가 있다. 애기동백은 11월 초부터 피어 1월 초에 만개하고, 동백은 12월 초부터 피어 4월에 절정을 이루는데 5월이 되면 다른 꽃들과 함께 커다란 꽃송이를 뽐내다가 서서히 송이째 떨어지기 시작한다.

오늘은 마침 이웃에 사시는 목사님 내외분이 오신다고 하니 두 분께서 좋아하시는 동백꽃차를 내려볼까 한다. 오늘 내릴 홑겹 동백꽃차는 그레이스와 함께 작년 3월에 만들어 놓은 것인데, 이미 옛 선조들은 산다화(山茶花)차라 하여 이 홑겹 동백꽃차를 즐겨 마셨다. 홑겹의 차 맛이 더 순하고 달콤하기 때문이다.

여느 차를 만드는 과정과 같이 동백꽃차를 만들 때도 많은 정성이 필요하다. 우선 꽃망울이 팽팽하게 올라왔을 때 그것을 따다가 실온에서 나흘 동안 시들린다. 그 후 꽃받침을 떼어 내고 꽃잎을 한 장 한 장 펼치면 노란 수술과 함께 그럴싸한 동백꽃 모양이 나타나는데, 여기까지 준비가 되었다면 이제 덖거나 찌는 방법 중 하나를 선택하면 된다. 약재를 만들 때와 같이 차를 만드는 데 있어서도 아홉 번 찌고, 아홉 번 볕에 말린다는 의미인 '구증구포(九蒸九暴)'의 기본 원칙을 지켜 주는 것이 좋다. 천연물 내의 유용 성분이 몸에 쉽게 흡수되도록 돕기 때문이다. 나는 주로 찌는 방법을 선택한다. 꽃을 여러 번 찌는 과정에서 나오는 오일 성분의 반짝임이 예쁘고 매우 향기롭다. 그렇게 찌고 식히는 과정을 아홉 번 반복한 후 마지막으로 널찍한 팬에 한 번 더 덖어 주는데, 향이 더욱 깊어질 뿐 아니라 수분을 모두 날려 보내는 과정이다. 마지막으로 열탕 소독한 병에 담아 숙성시키면 오래 두고 마실 수 있다.

올해 칠순을 바라보시는 사모님께서는 특별히 동백꽃차를 좋아하신다. 전북 고창에서 나고 자라셨는데, 저녁이 되어 온 가족이 모이면 어머니께서 늘 동백꽃차를 내려 주셨다고 한다. 그리고 아버지께서는 꽃을 송이째 따다 주곤 하셨는데, 그 시절에는 모두 꽃의 끄트머리에서 나오는 꿀을 간식 삼아 먹으며 자랐다고 한다. 사모님께 있어 동백꽃은 고향의 향기이며 부모를 향한 그리움인 것이다.

주전자에서 폴폴 물 끓는 소리가 들리니 엄마의 서재에서 찻잔과 차판, 공도배와 개완을 가져다가 테이블에 올리는 우리 그레이스…. 나는 매번 아이의 손이 찻잔에 닿을 때마다 혹여 깨뜨리지는 않을까 조바심이 나는데, 아이는 놀랍게도 어깨 너머로 익힌 각각의 위치에 멋스럽게 세팅을 한다. 사랑스럽고 기특하다. 언젠가 세월이 조금 더 흐르고 난 뒤에 우리 그레이스도 나를 초대해 줄까? 엄마가 가장 좋아하는 국화꽃차를 내리는 날이면 말이다.

✽ 형제를 사랑하여 서로 우애하고 존경하기를 서로 먼저 하며 부지런
하여 게으르지 말고 열심을 품고 주를 섬기라 소망 중에 즐거워하며
환난 중에 참으며 기도에 항상 힘쓰며 성도들의 쓸 것을 공급하며 손
대접하기를 힘쓰라 _로마서 12:10-13

너의 심장소리
겨울 정원 – 만지면 손에 향기가 남는 꽃

The Garden

내가 한 달 가운데 가장 기다리는 날은 「The Garden」이 도착하는 날. 바로 RHS(Royal Horticultural Society) 영국 왕립 원예협회 회원들에게 보내 주는 카탈로그를 받아보는 날이다. 이따금 제주까지 날아오다가 겉봉투가 찢기거나 비에 젖어 내용물이 닳아서 도착하기도 하지만, 아무렴 어떨까? 카탈로그를 품에 안는 순간 심장이 그렇게나 뛰는데 말이다. 꽃을 심거나 물을 주다가도 무심히 바라본 우체통에 반으로 접힌 흰 봉투가 삐죽 보일 때면, 그것이 호스이든 삽이든 그 자리에 던져 두고 뛰쳐 나간

수형만으로도 웅장한
큐가든(Kew Garden)의 아름드리 큰 나무

다. 너무도 반가운 손님이 찾아왔을 때처럼 말이다. 급히 던져 놓은 탓에 마구 꼬여 있던 호스에 물벼락을 맞는 일쯤은 이제 익숙하다.

초겨울까지는 봄을 준비하는 여러 작업들로 온실 안이 분주하지만, 깊은 겨울에는 그저 정원을 바라보며 얼어 있는 땅을 응원하는 일이 전부일 때가 있다. 많은 정원사들은 그 시기를 실내에서 보내며 아껴 두었던 카탈로그를 꺼내어 펼쳐 둔다. 잘 알려진 『정원가의 열두 달』이라는 책의 저자 카렐 차페크(Karel Capek) 역시, "12월의 정원은 수북이 쌓인 가드닝 카탈로그 속에 있다."고 말했다. 나에게도 12월은 페이지를 넘기는 것조차 아까운 멋진 카탈로그를 마음껏 즐기는 달이다. 필요한 원예 기술과 흥미로운 정보들에 밑줄을 긋고 그것을 정원 수첩에 옮겨 적는 일, 심장이 두근두근할 만큼 예쁜 꽃 사진을 발견하면 그걸 오려 서재 한편에 붙여 두는 일, 전 세계에서 다양하게 소개하는 멋진 정원들 속으로 들어가 잠시 그 정원의 주인이 되어 보는 일 등, 이 모든 순간이 얼마나 나를 행복하게 하는지!

내가 카탈로그를 즐기며 쉬어 가는 동안에도 땅속에서는 바쁜 움직임들이 계속되고 있다. 이미 구근들의 정수리에는 싹눈이 부풀어 오르기 시작했을 테니 말이다. 우리는 봄이 되어야 식물들의 싹이 터 오른다고 생각하지만, 엄밀히 말하면 겨울 동안 서서히 발아가 되고 봄에 표면으로 나타나는 것일 뿐이다.

땅속의 씨앗들이 비밀스럽게 싹을 틔우는 동안 나는 여기저기 펼쳐 놓은 카탈로그 사이로 찻잔을 데우고 있었다. 뜨거운 물세례를 받은 꽃차의 향기는 마음을 참 평온하게 한다. 찻물이 스민 가슴에서는 고요히 꽃 향이 터져 샘솟고, 날숨을 타고 흘러나오는 그 향기는 언제나 내게 지혜를 준다. '우리 안에 무엇을 담고 살아가는가?'가 얼마나 중요한지를 깨닫게 하기 때문이다. 작가이자 컨설턴트 목사인 스카이 제서니(Skye Jethani)는 "우리가 가진 최고의 보물은 우리 삶 속에 나타나는 하나님의 임재"라고 말했다. 그렇다면 하나님의 임재 가운데 살아간다는 것은 무엇을 의미할까? 그것은 내 안에 하나님께서 들어와 계시니 나는 곧 그분이 거하시는 성전 된 삶을 살아야 한다는 의미가 된다. 가슴에서 날숨을 타고 흘러나온 차의 향기처럼, 우리 안에 임재하여 계시는 하나님으로 인하여 표현되고 나타나는 삶!

나에게 하나님의 임재를 뜨겁게 경험했던 청년의 시절이 있었다. 그 시절에는 내 안에 임재해 계시는 하나님으로 인하여 언제 어디서나 기쁨과 감사의 찬양이 흘러나왔다. 어느 날엔가 지하철에서 이어폰을 꽂고 찬양을 듣던 나에게 또래의 낯선 학생이 말을 걸어왔다. 무엇을 듣고 노래하기에 그렇게 기뻐할 수 있느냐고 말이다. 나는 이어폰 하나를 그녀의 귀에 살짝 꽂아 주었다. 그때 흐르던 곡은 '올네이션스 경배와 찬양'의 〈전하세 예수〉 6집에 있는 "다와서 찬양해"였다. 마침 그녀도 예수님을 믿는 자매였기에 우리는 목적지에 이르도록 함께 찬양을 들으며 서로의 신앙생활에 대하여 나누었다. 그 시기에 기도에도 변화가 나타났다. 나와 내 가족의 건강과 평안, 무엇을 얻고자 하여 욕심을 품고 드렸던 기도에서 하나님의 나라와 이 땅의 선교사들을 위한 기도, 하나님의 뜻이 이루어지기를 바라는 기도로 바뀌어 간 것이다. 매주 금요일 오후에는 스스로 전도지를 만들어 한 주 전의 교회 주보와 함께 동네 재래시장에 계시는 상인들에게 나누어 주기도 했다. 시장 맞은편 공원에 앉아 전도지마다 사탕을 붙이던 기억이 난다. 그 시기에는 예배를 기대하며 기다리는 시간도 데일 듯 뜨겁고 무척 설렜다.

생각해 보니, "엄마가 없는 아이들과 아픈 아이들을 위해 살겠습니다."라는 서원 기도를 올렸던 때도 그즈음이다. 어쩌면 하나님께서는 그때부터 우리 그레이스를 예비하고 계셨는지도 모른다. 나는 감히 그렇게 믿고 있다.

한 모금의 꽃차가 날숨으로 주위를 적시고 공기를 채우듯, 우리 안에 거룩하신 하나님을 모시고 살아갈 때 비로소 우리의 주위는 복음으로 물들어 갈 것이다. 태양처럼 쏟아지던 청년 시절의 열정 대신 잘 접은 손수건의 모서리로 눈시울을 닦아 내는 찬양과 기도에 익숙해졌지만, 가끔은 앉아 있던 자리에서 일어나 춤을 추며 찬양하고 기어코 강대상까지 뛰어 올라가 목이 터져라 "주님~!"을 외쳤던 그 시절이 그립기도 하다.

> 🍃 너는 청년의 때에 너의 창조주를 기억하라 곧 곤고한 날이 이르기 전에, 나는 아무 낙이 없다고 할 해들이 가깝기 전에 해와 빛과 달과 별

들이 어둡기 전에, 비 뒤에 구름이 다시 일어나기 전에 그리하라 _전도
서 12:1-2

감귤나무

나와 유주 언니는 어느덧 일곱 번째 바구니를 채워 밭 입구로 걸어가고 있었다. 그런데 우리와 멀지 않은 곳에서 할아버지와 대화하는 그레이스의 목소리가 들려왔다.

"할아버지, 할아버지네 감귤은 못생겼어요!"

'어이쿠!!' 나는 그 짧은 순간에 진땀이 다 흘렀다. 금실이 좋으셨던 할머니께서 돌아가신 후 올해가 첫 농사인데, 혹여 그레이스가 할아버지의 마음을 언짢게 해드리는 것은 아닐까 걱정되었기

서귀포 남원의 감귤밭에서

너의 심장소리
겨울 정원 – 만지면 손에 향기가 남는 꽃

때문이다. 그런데 다행히도 잠시 후….

"하지만 할아버지, 할아버지네 감귤은 정말 맛있어요, 최고예요!"
'휴우….'

오늘은 서귀포 남원에서 홀로 농사를 지으시는 어르신 댁에 다녀왔다. 유주 언니의 친정 부모님과 이웃하여 사시는 할아버지신데, 얼마 전 추수감사절 때 구매한 맛 좋은 감귤도 할아버지의 밭에서 자란 것이다. 그날도 그레이스는 감귤 상자를 열자마자 "엄마, 감귤이 너무 쭈글쭈글하고 못생겼어요!"라고 말했었다. 하지만 우리가 보기에 예쁘게 광택이 나는 감귤들은 모두 왁스 코팅을 한 것이다. 물론 수분의 증발을 방지하여 유통 기한을 늘릴 수 있고, 반들반들 윤기까지 흐르니 판매에는 더할 나위 없이 좋다. 감귤은 보통 80% 정도 익은 것을 수확하여 유통한다. 수확 후 단맛이 나기까지는 5일 이상 필요로 하니 그 기간을 이용하는 것이다. 반면에 할아버지댁 감귤이 못나 보이는 것은, 80%가 아닌 100%로 완숙한 것을 수확했기 때문인데, 코팅 등을 거쳐 멋진 상품을 만드는 대신 가까운 도민들에게 판매할 것을 목적으로 농사를 지으셨다. 대신 이러한 감귤로는 몸에 좋은 귤피차와 귤청을 안심하고 만들 수 있다.

오전 내 우리가 수확한 감귤 양이 무려 500kg이나 된다니, 유주 이모의 어머님께서 새참으로 가져다주신 부침개와 연두부 탕이 우리에게 힘을 준 것이 틀림없다. 하우스 한편에 앉아 여럿이 나누는 새참 맛은 정말 최고다. 물론 나에게는 음식보다 할아버지의 사랑 이야기가 더 큰 감동이었지만….

모두 새참을 맛있게 먹는 중이었다. 수레에서 할머니께서 이전에 사용하시던 장갑이 갑자기 '툭!' 하고 떨어졌고, 할아버지는 무심한 듯 그것을 다시 수레에 걸쳐 놓으시며 바닥에 떨어진 감귤을 하나 들어 보이셨다. 그러곤 깊은 한숨과 함께 할머니의 이야기가 시작되었다.

> "우리 할망이 이렇게 검고 못났었지. 근데 이놈처럼 속이 고왔어. 참 착했어. 병든 노모를 씻기고, 입히기를 십 년이 넘도록 했쟤. 저 몸이 상하는 것도 모르고, 저 속이 시커메지는 것도 모르고 말여. 우리 할망은 꽃을 좋아했어. 유채가 피면 온 집안에 꽃을 발라 놓고서 그렇게 종일을 웃어. 밥그릇에 국그릇에 꽃을 담가 와서는 '이쁘제? 이쁘제?' 그러는디. 나는 그것이 이쁜지, 저쁜지도 모르고 말여…. 아이고, 근데 그리 좋아하는 꽃 한번을 못 사줘 봤네…."

나는 코끝이 시큰거려서 혼이 났다. 어디 마음이 없어 그러셨을까. 아프신 노모를 모시며 여섯 자녀를 모두 육지로 유학시키느라 잊고 사셨던 것이지, 그 세월이 야속한 것이지….

늦은 오후가 되면서 할아버지는 농기계 수리를 위해 서귀포시로 나가시고, 우리는 하우스로 들어와 다시 감귤을 수확하기 시작했다. 오후 내 하우스에서는 모락모락 감귤잼 내음과 그레이스의 웃음소리만이 코시롱돌코롬 ('고소하고 달콤하다.'라는 의미의 제주어) 피어났다. 어느덧 붉은 석양이 하우스를 뚫고 성큼성큼 발밑까지 들어왔다. 먼 길을 달려가야 하기에 우리도 가방을 챙기기 시작했다. 가지고 온 장갑과 장화, 그리고 그레이스의 장난감들도 잘 닦아서 넣었다.

남원을 달려 나오는 길은 온통 주황빛이었다. 감귤밭도, 밭을 내려다보던 석양도, 가로등도, 그리고 달리는 차창으로 스미던 바람마저도….

아래는 할아버지께 남기고 온 편지이다.

    고 할아버지께.

    할아버지, 다시 뵐 수 있어서 감사했습니다.
    새참을 먹으며 들려주셨던 할머니 이야기가 지금도 새록새록 합니다.
    할머니는 천국에서 행복하실 것 같아요.
    할아버지의 사랑이 여전하시니까요.
    할아버지, 점방 삼춘(남녀를 가리지 않고 연장자를 부르는 제주어)께서
    가까이에 있는 교회에 함께 가자고 또 물으시면 꼭 다녀오세요.
    할머니 소원이셨잖아요.
    참, 추수감사절 때 보내 주신 감귤로 여러 분들을 잘 섬겼습니다.

감귤이 너무 맛있다고 다들 기뻐하셨어요.

고맙습니다.

할아버지! 언제든지 감귤밭에 도울 손이 필요하시면 연락 주세요.

그레이스와 또 달려올게요. 건강 잘 챙기시고요.

또 뵙겠습니다. 샬롬.

> 추신 : 할아버지, 편지와 함께 놓고 가는 책자는 성경 말씀 '잠언서'입니다.
>
> 밭에서 일하시다 쉬어 가실 때 꼭 읽어 보세요!

출발하기 전, 옷에 묻은 흙을 털어 내기 위해 잠시 할아버지 댁 마루에 앉았는데, 말씀을 새겨 놓은 나무 액자 하나가 눈에 들어왔다. 할머니께서 먼저 떠나신 후 섬기시던 교회에서 찾아와 걸어 두고 가셨다고 했다. 할아버지를 위한 할머니의 부탁이 아니었을까? 그 성경 말씀은 할머니께서 할아버지께 드릴 수 있는 이 땅에서의 가장 큰 선물이 될 것이다.

주 예수를 믿으라 그리하면 너와 네 집이 구원을 받으리라 하고

_사도행전 16:31

타샤투더 할머니

"아름다운 정원에서 밤하늘의 별을 보세요. 초원에 흐드러지게 핀 하얀 데이지가 떠올라요." 이렇게나 사랑스러운 이야기를 하신 할머니가 계셨다. 바로 미국 동북부 버몬트주에 사셨던 타샤튜더 할머니이다.

타샤튜더 할머니는 1915년 보스턴의 명문가에서 태어나셨다. 하지만 어릴 때부터 가사 일을 좋아하셨고, '농사를 짓고 우유를 짜면서 꽃을 가꾸며 살고 싶다.'라고 하는 소박하지만 매우 간절한 꿈을 가지고 계셨다. 스코틀랜드의

화실에서

유모에게서 자란 할머니는 부모님의 바람과 다르게 당신이 가장 사랑하는 꽃인 작약처럼 곱고 예쁜 스물둘에 결혼을 하신 후 곧 2남 2녀의 어머니가 되셨다.

그러나 버몬트주에 안착하기 전까지는 생활력이 약했던 남편 때문에 열심히 삽화를 그리며 어린 자녀들을 키워야 했다. 여러 마리의 애완동물과 소, 닭, 오리, 거위를 기르며 요리와 청소, 바느질 그리고 동시에 정원까지 가꾸며 살았다. 하지만 할머니의 주방 창가에는 늘 손수 꽂아 놓은 꽃이 있었고, 아무리 바쁜 삶이라 할지라도 아침마다 아이들과 잠옷 차림으로 즐겼던 바깥 탐험은 절대 포기하지 않으셨다. 밤새 자연 속에서 무슨 일이 일어났는지 살펴보는 일을 모두는 가장 행복해했으니까.

그 후 자녀들과 27년을 가꾸어 온 뉴햄프셔의 집과 정원을 떠나, 드디어 버몬트주의 산속에 자그마치 30만 평이나 되는 숲을 일구어 농가를 지으신다. 놀랍게도 그때 할머니의 나이가 56세였다. 긴 세월 동안 간직했던 꿈이 이루어지는 그 순간 할머니는 얼마나 행복하셨을까? 봄이면 달콤한 꽃사과나무 아래로 튤립, 히아신스, 수선화, 연보랏빛 꽃잔디와 제비꽃이 피어났고, 여름이면 할머니가 가장 사랑하는 작약과 붓꽃, 쥐오줌풀, 댐스 바이올렛(Dame's Violet), 장미들이 피어났다. 그리고 늦여름과 가을에는 접시꽃과 담을 타고 오르는 클레마티스가 정원을 수 놓았다. 정원은 아이스크림 가게만큼이나 다채롭고 향기로웠다. 꽃이 모두 지고 난 뒤의 겨울 정원에는 붉은색의 로즈힙(장미 열매)이 무채색 단조로운 풍경에 색을 더해 주었다.

그런데, 미국에서 제일가는 메이플시럽의 생산지라는 것 외에는 전혀 아는 것이 없던 그 먼 땅의 할머니가 나는 왜 이렇게나 좋았을까?

낡은 베틀에 앉아 옷을 만들고 여기저기 꽃과 모종 카탈로그를 벽에 붙여 두는 것, 몇 뿌리의 구근식물을 주문해 두고서 애가 타게 기다리는 것, 오래된 모종삽을 여전히 귀히 여기는 것, 초는 직접 만들어 쓰고 오후의 티타임을 무엇보다 소중히 여기는 것, 두건과 발목까지 내려오는 원피스에는 온통 꽃무늬가 가득한 것, 여전히 인형 놀이가 즐겁고 늘 책을 가까이하는 것, 그리고 쉬지 않고 그림을 그리는 것…. 그래, 이 모든 것이 나의 삶과 닮아 있기는 하다. 하지만 꼭 이것들 때문만은 아니었다. 나에게 더 큰 감동이 되었던 것은, 어릴 적에 품었던 그 하나의 꿈을 향해 한순간도 게으르지 않게 살아오신 그분의 성실과 신념 때문이었다.

타샤튜더 할머니는 어느 날 갑자기 유명해진 작가가 아니다. 할머니에게도 많은 시련이 있었다. 손수 만드신 작품들을 모아 뉴욕에 있는 대부분의 출판사를 찾아다녔지만 계속해서 거절을 당하셨고, 다행히 한참 어려운 시기에 옥스퍼드대학 출판부에서 할머니의 첫 작품인 『호박 달빛』을 받아 주면서 서서히 알려지기 시작했다. 세계적인 베스트셀러 『해리포터』의 작가 존 앤 롤링(Joanne K. Rowling)에게도 이와 같은 시련이 있었는데, 그녀 역시 마음속에 간직해 온 꿈을 향하여 매 순간 성실을 다했기에 이룰 수 있었다고 고백했던 기억이 난다.

그런데, 할머니의 어릴 적 스코틀랜드의 유모만큼이나 촌스럽고, 공부보다는 아침에 자고 일어난 이불과 잠옷 정리를 더 중요하게 생각하는 엄마에게서 자란 우리 그레이스는 과연 어떤 꿈을 가지고 있을까?

사실 우리 각자에게는 하나님께서 이 땅으로 보내시며 함께 부여해 주신 사명이 있다. 우리의 진정한 꿈이 되어야 할 그것이 무엇인지 찾고, 그 창조된 목적대로 살아가는 것이 바로 그리스도인의 삶이다. 반갑게도 며칠 전 디모데전서를 묵상하면서 어쩌면 하나님의 꿈일지도 모를 말씀 한 절을 읽게 되었다.

> 🌸 하나님은 모든 사람이 구원을 받으며 진리를 아는 데에 이르기를 원하시느니라 _디모데전서 2:4

타샤튜더 할머니가 본인의 꿈을 향한 성실과 신념을 넘어, 만약 하나님을 믿는 분이었다면 그분의 삶이 주었던 영향은 어떻게 달라져 있을까? 마음 아프게도 할머니께서 돌아가신 후 자녀들은 그 땅을 건강하게 지켜 내지 못했다. 아무리 원대할지라도 이 땅에서 누릴 수 있는 만족과 영화는 영원할 수 없으며, 우리가 자녀에게 물려 주어야 할 유산은 30만 평의 땅이 아닌 하나님의 꿈, 바로 복음이어야 한다는 것을 깨닫는다. 그 아무리 광활한 땅과 화려한 정원, 멋스러운 농가일지라도 그것이 자녀 구원의 문제는 해결해 줄 수 없기 때문이다.

나는 그레이스가 "모든 사람이 구원을 받으며 진리를 아는 데에 이르기를 원하시는" 하나님의 꿈과 늘 가까이 살아가기를 기도한다. 한 찬양의 가사처럼, 하나님의 꿈이 그레이스의 삶에 비전이 되어 땅에서의 풍족함보다 하늘에서의 충만함을 더욱 사모하는 자녀가 되기를 바란다.

> 너희 안에서 행하시는 이는 하나님이시니 자기의 기쁘신 뜻을 위하여 너희에게 소원을 두고 행하게 하시나니 _빌립보서 2:13

Frozen 제주

나흘째 눈이 내리고 있다. 지금 제주는 하늘도 땅도 온통 은백색이다. 제주 서쪽의 중산간 해발 300m에 위치해 있는 우리 집은 이렇게 많은 눈이 내리면 꼼짝없이 마을 안에 갇히고 만다. 마을 어귀의 숲도 벌써 사라지고 없다. 이미 그 자리에는 꼬마 아이들의 영화에 자주 등장하는 하얀색 식탁보를 뒤집어쓴 귀여운 고스트 덤불과 바닐라 아이스크림으로 변장한 소나무들만이 우뚝 꽂혀 있을 뿐이다.

하지만 그레이스에게 폭설이란, 그야말

하얀 솜이불을 듬뿍 덮은 뒷정원

너의 심장소리
겨울 정원 – 만지면 손에 향기가 남는 꽃

로 천국이다.

그레이스는 네모난 반찬통에 눈을 담아 그것을 꼭꼭 눌러 눈 벽돌을 만들고, 오빠는 동그랗게 둘러 가며 쌓아 올려 벽을 세워 갔다. 마침내 그 위에 두꺼운 종이 박스를 얹으니 멋스러운 얼음집이 탄생했는데, 그 후 사흘 동안에도 계속해서 눈이 쌓여 가며 더 튼튼하고 완전한 '이글루'가 되었다.

그레이스는 아침이면 부지런히 짐을 싸서 그곳으로 떠났다. 매일같이 새로운 살림들이 늘어나고 있었는데, 한동안 보이지 않던 은박 돗자리는 또 어디에서 찾았는지 바닥공사도 아주 훌륭했다. 종이 상자를 엎어 놓은 테이블 위에는 장난감 티 포트 세트가 세련되게 올려져 있었고, 아빠가 며칠 동안 찾아다니던 방석도 사실 그 안에 있었다. 엄마의 노란 앞치마도 얼음집 입구의 바란스(valance)로 멋스럽게 달아 놓았고 말이다. (흑흑흑⋯) 그레이스는 하루 종일 쉴 틈이 없어 보였다. 눈 벽돌이 내려앉은 곳은 서둘러 보수를 해야 했고, 이윽고 떨어진 동백꽃을 주워다가 실외 장식까지 들어갔기 때문이다.

사실 얼음집을 향한 그레이스의 정성을 보면서 나의 어릴 적 추억도 소환되었다. 일곱 살 난 나에게도 마당 한 귀퉁이에 다섯 개의 우산으로 지어진 집이 있었다. 그 안으로 쏘옥 들어간 뒤 마지막 우산으로 입구를 막아 모든 빛을 차단하면, 그곳은 더 이상 마당의 한 귀퉁이가 아닌 이 세상에 홀로 존재하는 별, 곧 나만의 세계가 되었다. 무척이나 아늑하고 신비로웠다.

멀리서 이글루 놀이에 즐거운 그레이스를 바라보며 나는 몇 해 전 태풍으로 망가진 새 모이통을 수리하고 있었다. 계속해서 눈이 내리면 뿌려 놓은 모이가 새들의 눈에 잘 띄지 않을뿐더러 눈이 녹은 후 잔뜩 부풀어 오른 모이는 새들의 식욕을 자극할 수 없으니 모이통을 나무에 매달아 놓는 것이 좋을 듯싶었다. 얼마 전부터 뒷정원을 다녀가는 꿩들을 위해서는 동백나무 울타리를 따라 냉동실에 저장해 두었던 참깨, 들깨, 땅콩, 기장쌀과 오곡을 고루 뿌려 놓았다. 동백나무 가지마다 잎들이 빽빽이 들어차 있어 그 아래로는 눈이 쉬이 쌓이지 않기 때문이다. 봄이 되어 산에 먹을 것이 많아지면 인기척이 있는 이곳까지는 내려오지 않을 테니, 그동안이라도 실컷 먹이고 싶었다.

올해의 많은 눈은 우리에게 참 고마운 친구이다. 그레이스에게는 멋스러운 얼음집을 선물해 주었고, 정원에게는 새봄의 발아에 필요한 수분을 넉넉하게 공급해 주었기 때문이다. 눈은 솜이불처럼 포근하게 땅을 덮고 있다가 잠깐이라도 햇살이 떨어지면 한 움큼 한 움큼 땅속으로 꺼져 들어가 땅이 얼어붙는 것을 방지해 준다. 그래서 많은 눈이 내린 뒤에 찾아오는 봄은 그 흙이 빵처럼 따끈하고 폭신하며 아주 푸슬푸슬하다.

드디어 새 모이통 수리를 마쳤다. 기쁜 마음으로 모이통을 수리하고 여러 모이를 준비하면서 작게나마 하나님의 마음이 느껴졌다.

> 공중의 새를 보라 심지도 않고 거두지도 않고 창고에 모아들이지도
> 아니하되 너희 하늘 아버지께서 기르시나니 너희는 이것들보다 귀하
> 지 아니하냐 _마태복음 6:26

'계속되는 혹한기에 먹을 것이 없어서 굶어 죽지는 않을까?' 새들을 염려하
던 내 마음에서, 감히 자녀를 향한 하나님 아버지의 사랑과 자비를 깨닫게
된 것이다. 하나님의 냉장고 안에도 이미 우리에게 주실 먹고 마실 것들이
가득할 텐데, 믿음이 연약한 우리는 오늘 하루도 일용할 양식을 가득 채워
달라는 기도만을 하고 있지는 않은지 돌아봐야 한다.

> 그런즉 너희는 먼저 그의 나라와 그의 의를 구하라 그리하면 이 모든
> 것을 너희에게 더하시리라 그러므로 내일 일을 위하여 염려하지 말
> 라 내일 일은 내일이 염려할 것이요 한 날의 괴로움은 그날로 족하니
> 라 _마태복음 6:33-34

습기가 부족했던 가나안 땅에 씨를 뿌릴 때는 이른 비를 내리시고, 곡식을
수확하기 전에는 늦은 비를 내리셔서 결실을 도우셨던 하나님의 손길이 지
금 이 순간에도 우리와 함께함을 믿으며 살아가야 할 것이다.

그러므로 내가 너희에게 이르노니 목숨을 위하여 무엇을 먹을까 무엇을 마실까 몸을 위하여 무엇을 입을까 염려하지 말라 목숨이 음식보다 중하지 아니하며 몸이 의복보다 중하지 아니하냐 _마태복음 6:25

미니카와 프리지아

제주 소녀 그레이스가 열 시간을 넘게 영국으로 날아왔다. 이 땅에는 유학 시절부터 아빠가 섬겨 온 영적 자녀, 에런과 셀린이 살고 있다. 멋진 청년들로 성장했으나 아직 믿음이 자리하지 못한 그들을 위해 우리는 몇 해에 걸쳐 한 번씩 영국을 다녀오고 있다. 날마다 영상으로만 소통을 해 오다가 눈앞에서 부쩍 자란 그레이스를 보면 얼마나 놀라고 기뻐할지 무척 기대된다.

우리는 히드로 공항에 도착하여 곧바로 햄프턴 코트(Hampton Court)로 이동했

코티지(Cottage)의 창가에서
"미니카야, 잘잤니?"

다. 템즈강변에 있는 하얀 코티지(cottage, 작은 집)를 사용하기로 했기 때문이다. 마중 나온 에런의 차를 타고 집 가까이에 이르렀을 때, 아주 예쁜 꽃집과 채소 가게를 보았다. 사실 우리는 그것만으로도 충분했다. 집 앞에 도착하여 이웃하는 주인에게 열쇠를 받았는데, 우리가 지낼 곳은 나무로 지어진 아주 오래된 집이었다. 현관을 여는 순간, 그 틈으로 먼저 쏘옥 들어간 그레이스가 크게 소리쳤다. "우와~ 너무 예쁜 집이에요!" 고목으로 짜인 가구들, 민트색의 스탠드와 화병 등, 빈티지한 소품들이 눈에 띄었다. 사실 가까이에서 보면 모든 것이 낡아 있고, 지내다 보면 여러모로 불편할 텐데 아이는 그 공간의 모든 것에 마냥 기뻐했다. 특히 거미줄을 발견하고는 키득키득, 마치 동화 속에 나오는 으스스한 다락방을 상상하고 있는 것 같았다.

물론 에런과 셀린을 초대해 말씀을 나누고 맛있는 음식을 만들어 주기에는 충분했다. 같은 공간에 있는 것만으로도 우리는 행복할 테니까.

나는 그곳에서 지내는 동안 매일같이 만났던 채소 가게 삼촌들을 잊을 수 없다. 지금도 그들을 생각하면 템즈강가의 해 질 녘, 그 뜨거운 노을이 가슴을 타고 흐르듯 금세 마음이 데워진다. 매일매일 신선한 채소가 도착하기에 우리는 아침 산책을 마치고 돌아오는 길이면 꼭 채소 가게에 들렀다. 그러던 어느 날엔가 눈이 많이 내리고 바람이 몹시 불던 날, 그레이스는 기침이 심해 집에 남아 있고 나 혼자 급히 채소만 사 가지고 돌아왔다. 그 후 한 시간 즈음이나 지났을까? "띵동" 벨이 울렸다. 채소 가게 털보 삼촌이었다. 그레이스가 아프다는 이야기를 귀담아들었던 털보 삼촌이 수프를 끓여 주라며 곱게 간 소고기와 구운 감자를 가지고 온 것이다. 채소 가게에서는 팔지 않는 소고기와 직접 요리한 감자를 받으며 고마움에 눈시울이 젖어 들었다. 차도 한 잔 마시지 않고 그 값에 대해서도 이야기하지 않은 채, 가게가 바쁘다는 핑계로 서둘러 돌아가던 그의 미소를 어떻게 잊을 수 있을까….

어느덧 에런과 셀린, 그리고 정이 듬뿍 든 우리의 하얀 코티지와의 이별을 준비해야 했다. 우리가 마지막으로 채소 가게에 들렀던 때는 주일이었다.

지내는 보름 동안 하루도 쉬는 날이 없었던 채소 가게의 문이 이상하게도 닫혀 있었다. '인사도 못하고 떠나는 것은 아닐까?' 아쉬운 마음으로 돌아서려는 순간, 가게 문고리에 걸려 있는 하얀색 봉지가 눈에 들어왔다. 그 안에는 우리가 매일같이 구매했던 당근, 토마토, 시금치, 사과, 바나나 등의 채소들이 들어 있었는데 평소 구매했던 것보다 훨씬 더 많은 양이었다. 참, 그레이스가 잃어버렸다던 미니카도 그 안에 있었다. 우리는 준비해 간 바구니에 채소를 옮겨 담고 다시 그 봉지 안에 주일 예배의 주보와 소식지를 넣고 돌아왔다. 그레이스처럼 예쁜 천사가 사랑하는 예수님이라면 꼭 만나 보고 싶다던 삼촌들의 이야기가 떠올랐기 때문이다.

늦은 오후가 되어 다시 들렀을 때도 문은 굳게 닫혀 있었다. 어떻게 해서든 감사의 인사를 전하고 싶었기에 이웃해 있는 꽃집에 들러 노란색 프리지어

한 단을 포장해 채소 가게 앞에 두고 돌아왔다.

다음 날 새벽, 우리는 이동을 위해 세인트판크라스역(St Pancras railway station)으로 떠나야 했다. 그동안 정이 들었던 고마운 집과 인사를 하고 배웅을 나온 에런의 차에 셀린도 함께 올랐다. 채소 가게 앞을 지나며 아직도 쓸쓸하게 그 자리를 지키고 있는 하얀색 봉지와 프리지어를 보았다. 그런데 그 앞을 지나쳐 가던 순간, "잠깐만요!" 갑자기 그레이스가 차를 세워 달라고 했다. 모두는 의아하게 아이를 지켜보았다. 차에서 내린 그레이스는 터벅터벅 채소 가게 앞으로 걸어가 주머니 안에 있던 미니카를 꺼내 키스를 한 뒤, 그것을 프리지어 꽃다발 옆에 두고 돌아왔다.

  "엄마, 우리 꼭 미니카를 다시 찾으러 와요."
  "그래, 그러자꾸나…."

차에 오르며 조용히 흘리던 그레이스의 눈물의 의미를 나는 알 것 같았다. 그동안 삼촌들이 보여 주었던 배려와 마음들이 참 고마웠을 것이다. 아이의 눈에서 떨어지던 구슬구슬 눈물방울들이 어찌나 예쁘던지, 그리움과 고마움이 알알이 톡톡 터져 흐르고 있었다. 나는 영국에 도착하여 햄튼코트로 들어오며 꽃집과 채소 가게가 유난히 눈에 띄었던 이유를 그때서야 알게 되었다.

"그레이스, 우리가 다시 에런과 셀린을 만나기 위해 영국으로 간다면, 그때도 아름다운 추억을 만들어 주었던 그 집으로 가자. 비록 삐거덕대는 계단과 기울어진 문들이 조금 무섭긴 했지만, 커튼을 드리우기도 전에 그 벌어진 틈으로 마구 쏟아지던 눈부신 아침 태양이 있고 그 빛을 받아 찰나에 벌어지던 튤립들의 미소가 있는 그 집. 아빠와 엄마, 에런과 셀린, 그리고 우리 그레이스가 나란히 엎드려 즐겁게 찬양을 부르고 말씀을 묵상하던 즐거운 흔들 침대가 있는 그 집으로 말이야. (사실 침대 다리가 모두 낡아서 흔들렸던 거란다. ^^) 그날이 오면 모두 알게 되겠지? 너와 새끼손가락을 걸고 약속한 에런과 셀린의 주일 성수는 잘 지켜지고 있는지, 채소 가게 삼촌들에게는 대체 무슨 일이 있었던 건지, 또 네 친구 미니카는 잘 있는지도⋯. 참, 그 후에 삼촌들이 성공회 교회의 사제님과 만났는지도 궁금하구나. 엄마가 사제님께 채소 가게 주소를 드리고 왔거든. 물론 제주로 돌아와 네가 삼촌들을 위해 매일 밤 기도하고 있으니, 분명 그 기도가 하늘에 닿을 거란다. 그레이스는 하나님께서 보내신 모두의 천사니까!"

채소 가게 삼촌들에게 전한 그날의 주일 말씀이다. 어쩌면 그레이스에게도 가장 익숙하고 소중한 말씀일 것이다. 아기였을 때, 포대기를 둘러 등에 업고 낮잠을 재울 때마다 늘 읊어 주던 말씀이었다.

🌱 여호와는 나의 목자시니 내게 부족함이 없으리로다 그가 나를 푸른 풀밭에 누이시며 쉴 만한 물가로 인도하시는도다 내 영혼을 소생시

키시고 자기 이름을 위하여 의의 길로 인도하시는도다 내가 사망의 음침한 골짜기로 다닐지라도 해를 두려워하지 않을 것은 주께서 나와 함께 하심이라 주의 지팡이와 막대기가 나를 안위하시나이다 주께서 내 원수의 목전에서 내게 상을 차려 주시고 기름을 내 머리에 부으셨으니 내 잔이 넘치나이다 내 평생에 선하심과 인자하심이 반드시 나를 따르리니 내가 여호와의 집에 영원히 살리로다 _시편 23편

영국의 겨울 정원

햄프턴 코트 궁전
(Hampton Court Palace)의
푸른 잔디밭

나는 봄 정원 못지않게 겨울 정원을 사랑한다. 지금의 내 모습과 닮아 있기 때문이다. 눈부시게 아름다운 시절을 떠나보내고, 다시금 온 에너지를 모아 씨앗을 품고 있는 대지의 모습이랄까…. 문득 "인간의 대지는 모든 습기, 모든 신록, 싹틔우는 힘을 품고 있다."라고 말한 로마 가톨릭교회의 베네딕트회 수녀였던 힐데가르트 폰 빙엔(Hildegard von bingen)이 떠오른다. 물론, 겨울 정원이 주는 단조로운 고요와 충만한 평온도 사랑한다. 예수님을 만나지 못하여 부활을 기대하지 않는 이들에게는 이 겨울 정원의 시간이 훨씬 더 느리게 흘러가겠지? 오직 봄의 정원만을 사랑한다면 마치 시간이 영원, 그 이상으로 확장된 듯 느껴질 테니까….

특별히 영국의 겨울 정원은 더욱 아름답다. 개인적으로는 매해 그 땅에서 열리는 5월의 첼시플라워쇼(Chelsea Flower Show)도 부럽지 않을 만큼! 영국의 모든 정원에서는 계절과 상관없이 늘 싱그러운 잔디와 다양한 상록수들을 볼 수 있다. 물론 겨우내 비가 많고 습도도 높지만, 기온이 크게 떨어지지 않는 영국 날씨는 온대 식물들이 견디기에 매우 적합하다. 어느 해였던가, 1월이었는데도 불구하고 로즈힙이 있어야 할 자리에 여전히 꽃물을 잃지 않은 장미가 피어 있었다. 반대로 같은 온대 지방이지만 우리나라의 겨울은 기온도 낮을뿐더러 차고 건조한 북서풍이 강하게 불기 때문에 식물에 매우 혹독하다.

영국의 겨울 정원이 주는 매력은 매우 다양하다.

그 가운데 첫 번째 매력은, 수피(樹皮)와 수형(樹形)이 아름다운 나무들에 있다. 특별히 큐가든(Royal Botanic Gardens, Kew)의 연못에는 다채로운 꽃과 푸른 잎사귀를 대신하여 그에 못지않은 색상과 무늬들로 수피를 뽐내는 여러 나무들이 심겨 있다. 빨강, 주황, 노랑 등의 말채나무들을 비롯해 자작나무, 버드나무, 단풍나무, 복분자나무 등이 가장 눈에 띈다. 특별히 자작나무, 노각나무, 적피 단풍 등은 노목일수록 나무 고유의 실루엣인 수형이 웅장하고 근사하며 겨울에 더욱 멋스럽다.

두 번째 매력은, 화려했던 날들의 형태 그대로 곧게 서 있는 마른 풀들에 있다. 수분마저 떠나보내고 갈매빛 핏기 하나 없이 처연하리라 생각되겠지만, 스치는 바람에도 바스락이며 노래하고 탈색된 상태에서도 우직하게 서 있는 모습이 도리어 강렬한 인상을 준다. 독일의 정원사 칼 푀르스터(Karl Foerster)는 겨울 정원에 볼륨감을 채워 주는 잔디(Grass)를 가히 지구의 머리카락이라 표현했다. 겨울철에도 유연함을 유지하며 무리 지어 서 있는 모습이 정말 황량한 겨울 대지의 머리카락과 같은 모습이다. 개인적으로는 호수 주변으로 다양한 갈색의 마른풀들이 층층이 그러데이션을 보여 주는 위즐리 정원(Wisley Garden)의 윈터 가든이 가장 멋스럽다. 가을이면 어김없이 서귀포의 가시리길을 찾아 한 움큼의 억새를 꺾어 와 풀이 마르도록 감상하는 이유도 여기에 있는데, 생을 마감한 식물이 빚어 낸 침묵의 춤사위도 봄날의 선명했던 영롱함을 대신할 만큼 아름답기 때문이다.

영국의 겨울 정원이 주는 마지막 매력은, 푸른빛을 그대로 유지하는 잔디밭과 다양한 상록성의 풀들에 있다. 겨울 땅이지만 창 넓은 카페에 앉아 너른 잔디를 보고 있으면 잠시 계절의 이름을 잊기도 하고, 공원을 걷다 잠시 벤치에 앉아 쉬어 갈 때면 발아래 파란 풀들의 낮은 숨결이 포근하게까지 느껴진다. 그래서였을까, 제주로 돌아와 그해 봄 우리가 가장 먼저 심었던 식물도 겨우내 초록을 품고 있는 맥문동과 잎새가 더욱 화려한 다양

한 종류의 휴케라(Heuchera), 그리고 크리스마스 로즈라 불리는 헬레보루스
(Helleborus)였다.

식물에게 겨울이라는 긴 휴면의 시간이 없다면 새봄의 건강한 발아와 개
화, 그리고 생장은 기대할 수 없을 것이다. 마치 심판은 끝이 아니라 새로
운 시작이듯 그것의 고통을 통과하는 동안 더욱 견결한 믿음과 인격을 얻
게 되는 것과 같다. 사도 바울은 이렇게 격려한다.

> 🌾 생각하건대 현재의 고난은 장차 우리에게 나타날 영광과 비교할 수
> 없도다 _로마서 8:18

일본 문학가 마루야마 겐지(丸山健二, Maruyama Kenji)가 말했던 것처럼, 어쩌
면 가장 아름다운 장미는 바람에 단련된 것이 아닐까? 대나무가 넘어지지
않기 위하여 마디를 형성하려면 잠시 성장을 멈추어야 하고, 태양만으로는
무지개를 가질 수 없듯이 우리의 삶에 있어서도 식물의 겨울과 같은 고난
의 시간이 필요하다. 그 후에 새겨지는 마디들로 더욱 굳건해지고, 비가 있
어야 일곱 빛 찬란한 무지개가 펼쳐지듯 그러한 시간들을 통해 삶이 더욱
강건해지기 때문이다. 예수님의 십자가 보혈이 우리 모두를 구원했듯이 우
리에게 있어서의 고난은 또 다른 위대한 탄생임을 기억해야 한다.

> 🌾 여호와가 너를 항상 인도하여 메마른 곳에서도 네 영혼을 만족하게

하며 네 뼈를 건고하게 하리니 너는 물 댄 동산 같겠고 물이 끊어지

지 아니하는 샘 같을 것이라 _이사야 58:11

너의 향기

우리가 함께한 일곱 번의 봄과 일곱 해의 그 모든 시간이 이렇게나 빠르게 지나갔다니… 곱디고운 무지개처럼 매해 다른 색채를 펼쳐 가며 눈부시고 찬란하게 성장해 준 내 딸, 그레이스….

그레이스는 봄볕에 나풀거리는 들꽃의 그림자마저 쉬이 밟지 못하는 아기였고, 이미 떨어진 꽃들도 누군가에게 밟힐까 화단 안으로 옮겨 놓는 아이였다. 꽃을 주우며 흙이라도 묻었을까, 구름비나무 잎새처럼 부드러운 그레이스의 손을 털어 주다 보면 그 작은 손을 타고

그레이스와 친구 미미

너의 성장소리
겨울 정원 – 만지면 손에 향기가 남는 꽃

흐르는 체온으로도 아이의 목소리가 들리는 듯했다.

"꽃들아, 이제 안심해도 좋아….."

우리가 함께했던 일곱 해를 가만히 돌아보니 마치 날계란을 손바닥 위에 얹어 놓고 아주 조심스레 걸어온 듯하다. 아기 때는 몹시 아픈 아기여서 그랬고, 자라면서는 늘 또래들에게 치이는 여린 아이라서 그랬다. 하지만 우리 가족에게는 그 모든 나날이 소중하기만 하다. 우리가 흘린 눈물들이 멈춰 설 수 없는 기도가 되어 지금의 그레이스를 꽃 피우게 했을 테니….

오늘은 그레이스의 앨범을 새롭게 정리했다. 그러며 그 곁에 두었던 육아 일기를 펼쳐 보았는데 스크랩해 둔 기사 하나가 눈에 띄었다. 한 살 때 쌍둥이 자매[사라 보일(Sarah Boyle)]와 함께 미국의 독실한 크리스천 가정으로 입양된 레이첼 보일(Rachel Boyle) 씨에 관한 내용이었다. 그녀는 "넉넉한 환경은 아니었지만 엄마의 사랑 덕분에 행복한 시간을 보냈고 조금도 비루함을 보인 적이 없다. 친부모가 누구인지 알 필요가 없을 정도였다."라고 말했다. 또한 2011년에 홀트복지회를 통하여 한국에서 낳아 주신 부모님을 만나게 되었는데, 가난 때문에 입양을 선택했다는 이야기를 듣고 그 자리에서 그들을 용서했다고 한다. 그리고 앞으로의 바람은 봉사활동을 통해 만나게 된 입양인들에게 계속해서 복음을 전하고, 진심으로 그들을 위로해 주는 친구가 되는 것이라고 한다.

엄마의 사랑 덕분에 행복한 시간을 보냈다는 그녀의 고백을 읽으며 잠시 멈칫했다. 먼 훗날 우리 그레이스도 이와 같은 고백을 할 수 있을 만큼, 나는 친절하고 좋은 엄마였을까? 그레이스의 지난 사진들을 한 장 한 장 넘겨가며 스스로를 되짚어 보았다. 내게 그레이스는 큰아이들과 특별히 다르지 않아서 때로는 호되게 꾸짖고, 잔소리도 하고, 급히 다그치기도 했다. 그 시간들이 떠올라 미안하고 애련했다.

원망이 아닌 용서와 감사를 선택한 레이첼 보일 씨의 가슴에는 분명 하나님께서 임재해 계실 것이다. 아무리 절박한 상황이었다 할지라도 나와의 이별을 선택한 부모를 어찌 용서할 수 있을까? 그녀의 기사를 통해 예수님의 사랑과 용서가 얼마나 위대한지, 그리고 보다 좋은 엄마가 되기 위해 내게는 어떠한 노력이 더 필요한지 다시 한번 깨닫고 생각하는 시간이 되었다.

만지면 손에 향기가 남는 꽃이 있다. 누군가에게 고스란히 제 향기를 전하는 꽃이다. 나는 그레이스가 세상에서 가장 존귀한 '그리스도의 향기'를 지닌 꽃으로 살아가기를 기도한다. 화려한 병에 꽂히는 멋스러운 꽃이 아니어도 좋겠고, 봄바람에 화르르 떨어지는 벚꽃처럼 환상적인 삶이 아니어도 좋겠다. 그저 들꽃처럼, 주님께서 허락하신 그 한 자리에 피고 지며 닿고 스치는 모든 사람에게 그리스도의 향기를 물들이는, 제 본분에 충실한 꽃이 되기를 소망한다.

또 여호와를 기뻐하라 그가 네 마음의 소원을 네게 이루어 주시리로다 네 길을 여호와께 맡기라 그를 의지하면 그가 이루시고 네 의를 빛 같이 나타내시며 네 공의를 정오의 빛같이 하시리로다 _시편 37:4-6

그레이스를 낳아 준 엄마에게

나는 당신이 참,
고맙습니다.

당신과 나의 그레이스는 '오하라 장미'의 향기처럼 순수하고 맑은 아이로 예쁘게 자랐습니다. 심장도 아주 튼튼해졌지요. 손목의 멍울과 귀의 이루공도 수술을 통하여 모두 치유되었습니다. 그래요. 어쩌면 나는 당신에게 이 말을 가장 먼저 전하고 싶었는지도 모르겠어요. 세상 그 어떤 아이들보다 건강하게 잘 지내고 있다는 것을 말이에요.

나는 이따금 장애가 있는 아기와의 이별을 경험한 당신을 생각합니다. 모든 부모에게 자녀를 잃는 것과 결부된 감정만큼 고통스러운 일은 없을 테니까요. 아기가 곁에 없는 젖몸살이 주었을 외로움에 대해서도 생각합니다. 그러면 어느덧 당신을 품에 안고 그 등을 쓸어 주는 나 자신과 만나곤 했지요. 그렇기에 단 한 번도 만난 적이 없는 당신이 크게 낯설지 않습니다. 가끔은 따뜻한 차를 내리면서도 마주 앉은 당신에게 그레이스의 이야기를 들려주고, 그레이스의 기념일마다 당신을 초대하여 함께 케이크를 자르기도 했지요. 나 홀로 그레이스를 키운 것이 아닙니다. 당신 역시 가슴속의 아이와 늘 대화를 하고, 그 그리운 이름을 부르며 살아왔을 테니까요.

나는 지금 즈음에는 당신이 마음 편히 지냈으면 좋겠습니다. 죄책감으로 힘들게 살아가지 않기를 진심으로 바라고 기도합니다. 많은 갈등과 혼란 속에서도 배 속의 아기를 끝까지 지켜 냈기에 지금 그레이스가 이 땅에서 살아가고 있는 것임을 기억해 주시겠어요? 그리고 또 한 가지, 당신의 선택을 원망하지 않길 바랍니다. 그레이스는 형제들 가운데 막내로 자라며 많은 사랑을 받았습니다. 서로 젖병을 물려 주며 기저귀를 갈아 주고, 낮잠을 재워 주었지요. 무엇보다 아빠와 나는 하나님의 말씀으로 기도 가운데 키웠습니다. 그래요, 어쩌면 그레이스에게 풍기는 오하라 장미의 향기는, 이토록 많은 사랑을 받았기 때문이랍니다.

나는 하루라도 빠르게 이 편지를 당신에게 전하고 싶습니다. 당신이 마음 편히 살아가기를 진심으로 바라니까요. 하지만 당신과 나에게 있어 가장 중요한 것은 그레이스의 바른 성장과 이를 위해 스스로가 선택할 시간들이기에 우리는 기다려야 하겠지요. 하지만 언제라도 나와 우리 가족은 당신과 그레이스의 만남을 축복할 것입니다.

하나님은 모태에 짓기 전에 이미 그레이스를 아셨고, 배에서 나오기 전에 이미 성별하셨습니다(렘 1:5). 나는 그레이스가 당신의 자궁을 통해 이 땅으로 보내지고, 우리 가정을 통하여 양육되어져야 하는 이유가 있으리라 믿습니다. 그레이스를 통해 이루고자 하시는 하나님의 섭리를 신뢰하기 때문이지요.

출산의 고통만큼이나 충만한 기쁨과 모성의 뜨거운 환희를 나에게 양보해 준 당신에게 고맙습니다. 언젠가 우리가 마주하는 날이 오면 이 모든 것들을 당신에게 나누어 드릴게요. 나는 가슴으로 낳아 육으로 키웠으나, 당신은 육으로 낳아 쓰라린 가슴으로 키웠으니 우리 모두는 자격이 있습니다.

당신에게 들려주고 싶은 정호승 시인의 동시가 하나 있습니다.

꽃을 보려고 (정호승)

꽃씨 속에 숨어 있는
꽃을 보려고
고요히 눈이 녹기를 기다립니다

꽃씨 속에 숨어 있는
잎을 보려고
흙의 가슴이 따뜻해지기를 기다립니다

꽃씨 속에 숨어 있는

엄마를 만나려고

내가 먼저 들에 나가 봄이 됩니다

나의 기도 수첩, 그 가운데 가장 첫 번째 이름⋯. 고맙고 보고 싶은 당신을 위해 기도하겠습니다. 당신이 하나님 안에서 참 위로를 받고, 그레이스를 위해 기도하는 엄마로서의 삶을 꿋꿋하게 잘 살아 내고 있기를 진심으로 바라고 축복합니다.

샬롬.

서로 친절하게 하며 불쌍히 여기며 서로 용서하기를 하나님이 그리스도 안에서 너희를 용서하심과 같이 하라 _에베소서 4:32

글을 **마치며**

입양 부모에게 중요한
마음가짐

4월의 꽃마리처럼 푸르스름했던 그레이스의 입술은 더 이상 파래지지 않는다. 연분홍 달맞이꽃처럼 맑고 경쾌한 빛이 도는 그 입술은 하루에도 수십 번 나의 온몸에 키스를 퍼붓는다. 우리 가족에게 그레이스가 없는 세상은 상상조차 할 수 없다. 이미 연리(蓮理)가 되어 우리의 속살은 결을 이루었고 매우 두터운 껍질로 덮여 있다. 아직 그레이스는 본인이 입양된 사실에 대하여 모른다. 전문가들은 2~4세 사이에 알리기를 권장하지만, 그 시기의 그레이스는 심장 치료가 중심인 생활을 해야 했고, 동시에 정서적 불안감에 의한 마음의 치료도 필요했다.

복지회에서 처음 그레이스를 만났을 때, 그레이스는 오른쪽 엄지손가락을 심하게 빨고 있었다. 그것이 짓무를까 염려되어 살짝 빼기라도 하면 다시 필사적으로 가져가 입에 넣었는데, 그 행동은 입양 후 만 4세가 되기까지 계속되었다. 그렇게 엄지손가락이 헐고 딱지가 앉고를 수십 번 반복했다. 그 후 그 행동이 점차 줄어들기 시작한 만 5세 때부터는 손톱을 물어뜯기 시작했고, 만 6세인 지금까지도 초조하거나 두려운 감정이 들 때면 어김없이 그 행동이 나타난다. 마지막으로 그레이스에게 보였던 정서적 불안은 이유 없이 흘리는 눈물과 감정을 표출해 내는 방식에 있었다. 너무 기쁘거나 슬플 때면 그 감정을 어찌하지 못하고 머리를 바닥에 부딪혀가며 울거나 때로는 주어진 상황과 동떨어지는 눈물을 흘리곤 했다.

소아정신과 전문의 신의진 교수의 저서 『아이 심리백과』에 의하면, 임신 중의 스트레스는 아기의 집중력 장애나 우울증과 깊은 연관이 있다고 한다. 그것은 곧 아기를 품은 엄마와 아기의 유대가 출생 훨씬 이전부터 시작된다는 것을 의미한다. 입양 문제 전문 심리치료사이며 뉴욕의 '입양 교차로(Adoption Crossroads)'라는 단체를 통해 입양인의 재회를 돕고 있는 조 솔(Joe Soll)과, 1966년 입양으로 아이를 잃은 어머니인 캐런 윌슨 부터보(Karen Wilson Buterbaugh)의 공동 저서인 『입양 치유』에서도 "임신 중 입양을 계획하고 있는 엄마의 아기는 그때가 언제이든 나를 품고 있는 엄마와의 이별을 인지하게 된다"고 기록되어 있다. 그레이스의 행동 역시 후천적인 분리 불안 장애나 무료함을 달래기 위한 일시적인 습관이 아닌 배 속에서 경험한 사랑과 거절, 혹은 양가감정으로 인한 결과임을 알 수 있다. 나는 그레이스의 이 모든 정서적 불안 앞에 아이를 꾸짖은 적이 없다. 안정된 현재의 가정과 사랑으로 마치 마법처럼 한순간에 회복될 증상이 아니라는 것을 알고 있기 때문이다.

여전히 그레이스는 이슬에 젖은 꽃잎처럼 여리고 눈물이 많다. 하지만 왜 손가락을 빨고 손톱을 물어뜯으면 안 되는지, 그 행동이 주는 좋지 않은 영향에 관하여 대화할 수 있을 만큼 아이는 성장했다. 모든 상황 앞에서 눈물이 먼저 흐르는 것과 쉽게 긴장하는 것 역시, 주어진 상황과 지금의 감정이 일치하는지에 대해 스스로를 관찰하며 조율해 가는 것이 보인다. 우리는 가족으로서 그레이스를 격려할 뿐이다.

2020년 10월, 우리에게 알려진 '입양아 학대 및 사망 사건'이 있었다. 온 국민을 비롯하여 특별히 입양 가정과 입양을 보낸 부모 및 입양아들에게는 더 큰 충격이었다. 이후 연속적으로 발생하는 비정상적 아동 학대 사건을 지켜보며 나는 준비하고 있던 그레이스의 이야기를 서둘러 마무리 지었다. 입양 부모가 되어 깨닫게 된 '입양 부모에게 있어 중요한 마음가짐'을 입양 가정 및 입양을 계획하고 있는 가정과 속히 나누고 싶었기 때문이다. 나 역시 이것을 노트에 기록하고 날마다 기도 가운데 묵상하고 있다.

첫 번째는 인내이다. 하나님께서는 한없이 부족한 우리를 오래 참고 기다려 주신다. 사랑하기 때문이다. 오늘 보게 되는 아이의 육체와 정서는 이미 태중의 여러 혼란과 섞여 빚어졌을지도 모를 일이다. (현재, 한국에서 입양되는 아기들은 90% 이상이 미혼모의 자녀이다.) 그러하기에, 성장하며 차츰차츰 나타나는 자녀의 모습은 우리가 예측했거나 혹은 바라왔던 모습과 많이 다를 수 있다. 그러나 이러한 상황에 맞닥뜨리게 된다 해도 입양 부모는 아이의 있는 모습 그대로를 격려하며 기다려 주어야 한다. 그 어려운 감정을 안고 열 달이라는 시간을 견뎌 이 땅에 태어난 아기의 삶을 향한 열정과 믿음을 상기해 보면, 도움이 될 것이다. 어찌 그 작은 생명의 의지력에 감동하지 않을 수 있겠는가? 로마 가톨릭의 사제였던 헨리 나우웬(Henri Jozef Machiel Nouwen)은 『긍휼』이라는 그의 저서에서, "우리 자신이 고난받을 수 없다면, 우리 이웃의 짐을 받아 들 수도 없다."라고 말했다. 때론 인내는 고난으로 느껴질 만큼 어렵다. 그러나 하나님께서 자녀 된 우리의 연약함을 긍휼히 여기심같이 우리도 우리에게 허락하신 자녀를 긍휼히 여기며 가는 것이 바로 인내인 것이다.

두 번째, 함께 고민하고 아파해야 한다. 매년 국내에서만 300명이 넘는 아동이 입양된다. 입양은 길가와 돌밭, 가시떨기가 있는 곳으로 떨어진 연약한 생명 하나를 양분이 풍부한 '좋은 밭'으로 옮겨와 하나님의 성품을 닮은 사람으로 키워 내는 일이다. 그것은 건강하게 뿌리를 내려 귀한 열매를 맺도록 돕는 아름답고 가치 있는 일인 것이다. 씨앗이었을 때부터 좋은 밭에서 자란 생명도 바람이 불고 태풍이 몰아치면 심히 흔들릴진데, 뿌리를 한 번 옮겨와 가까스로 새로운 땅에 적응한 생명의 성장통에 어찌 더한 고통이 없겠는가? 입양 부모는 입양으로부터 시작되는 아이의 모든 연관통(referred pain)을 함께 고민하고 아파하며, 그 모든 것까지 보듬을 수 있어야 한다.

세 번째, '좋은 밭'을 계속해서 부지런히 일구고 가꾸어야 한다. 밭의 구성 가운데 중심이 되는 토양은 생명과 생장의 근원지이다. 따라서 토양에 양분이 풍부하다면 생명체 역시 잘 자랄 수 있는 기반을 가지게 되는 것이다. (실제로 토양을 비옥하게 만들기 위해서는 질산, 인산, 칼륨이 포함된 비료를 공급해 주어야 한다. 질산은 식물이 크고 풍성하게 성장하도록 돕고, 인산은 식물의 뿌리를 강하고 튼튼하게 만들며, 칼륨은 식물의 성장뿐만 아니라 단백질 공급, 해충과 잔병으로부터 저항력을 길러 주는 역할을 한다.) '자녀'라는 생명체를 키워 내야 하는 부모 된 자들에게도 이처럼 훌륭한 양분이 필요하다. 그렇다면, 부모에게 있어 훌륭한 양분이란 무엇일까? 바로, 말씀과 기도이다. 부모는 좋은 밭이 되기 위해 늘 말씀으로 충만하고 깨어 기도해야 한다.

마지막으로 네 번째, 자녀를 양육하는 모든 과정을 하나님께 맡겨 드려야 한다. 좋은 밭은 하늘을 의지한다. 시기에 맞는 적정한 기후 조건인 하늘의 은혜가 더해져야만 모든 생명이 건강하게 뿌리내릴 수 있기 때문이다. 이모든 측면에서 가장 좋은 밭의 모델은 예수님이시다. 오직 하나님을 의지하여 내 속에 있는 모든 양분과 기운, 생명까지도 고스란히 씨앗에게 내어 주는 것이 가장 좋은 밭이 아니겠는가?

위의 네 가지 마음가짐은 비단 입양 부모에게만 필요한 사항이 아닐 것이다. 자녀를 양육하는 모든 부모가 가지고 있어야 할 자세이기에 그렇다. 또한 이것은 자녀 양육의 경험이 없는 상태에서 입양을 계획하고 있는 가정에도 도움이 되리라 생각한다.

하나님께서는 부모가 없는 어린아이를 특별히 사랑하시며 입양을 기뻐하신다. 다윗은 시편에서 "하나님은 고아의 아버지시며 과부의 재판장이시라"라고 했다(시 68:5). 또한 하나님께서는 신명기를 통하여 감람나무를 떤후, 포도원의 포도나무를 딴 후에도 그 가지를 다시 살피지 말라고 말씀하셨다. 남은 것은 객과 고아와 과부를 위하여 내버려 두라는 의미이다(신 24:20-21). 이와 같은 말씀은 성경 곳곳에 있다.

> 고아와 과부를 위하여 정의를 행하시며 나그네를 사랑하여 그에게 떡과 옷을 주시나니 _신명기 10:18

> 하나님 아버지 앞에서 정결하고 더러움이 없는 경건은 곧 고아와 과부를 그 환난중에 돌보고 또 자기를 지켜 세속에 물들지 아니하는 그것이니라 _야고보서 1:27

내 주위에는 아직 일어나지 않은 여러 가지의 염려로 입양을 주저하고 망설이는 가정이 여럿 있다. 그분들뿐만이 아니라 생각된다. 나는 입양을 위해 오래 기도해 온 가정이 있다면, 이제는 그분들이 용기를 내었으면 좋겠다.

천사 가브리엘이 요셉과 약혼한 마리아를 찾아간다. 잉태해 아들을 낳으리라는 말을 듣고 놀라 당황해하는 마리아에게 천사는 "두려워하지 마라. 마리아야, 네가 하나님의 은혜를 받았다."라고 위로한다(눅 1:30). 처음에는 그녀 역시, 처녀인 제게 어떻게 이런 일이 있겠느냐고 물으나, 곧 "보십시오. 저는 주의 여종입니다. 당신의 말씀대로 제게 이루어지기를 원합니다."라고 고백한다(눅 3:38). 그리고 그녀는 이 땅과 자기 백성을 구원할 예수를 잉태하게 된다. 마리아는 하나님의 거대한 역사의 한 폭을 수 놓을 만한 대단한 여인이 아니었다. 그렇다고 해서 삶에 아무런 고통이 없고, 물질적으로 풍족하며, 시간이 넉넉한 여인도 아니다. 다만 그녀는 사려가 깊고(눅 1:29: 2:19, 51), 예배자였으며(눅 1:46), 순종하는 사람(눅 1:38)이었을 뿐이다.

부모에게 있어 입양아를 양육한다는 특수성은 충분히 두려움이 될 수 있다. 그러나 한 생명을 믿음으로 잉태하는 일은 가히 위대하다. 모든 씨앗은 무한한 잠재력을 품고 있다. 그리고 그 씨앗이 품고 있는 가능성은 좋은 밭의 성실과 하나님의 은혜로 찬란하게 변화한다. 하나님께 맡겨 드린 자녀는 하나님께서 키우신다는 믿음이 있는가? 그렇다면, 그것으로 충분하다. 바로 그 믿음이 '입양 부모에게 필요한 마음가짐'을 만들어 갈 것이며, 오직 그 믿음만이 귀한 생명 하나를 사랑으로 꽃피우게 할 수 있기 때문이다. 하나님은 오늘도 사려 깊고, 예배자이며, 주님께 순종하는 좋은 밭을 찾고 계신다. 예수님께서 보이셨던 그 뜨거운 사랑이 우리를 통하여 이 땅에 홀로 남겨진 어린 생명들에게 흘러 들어가기를 원하시기 때문이다. 마리아의 고백이 우리의 고백이 되어 또 하나의 어린 생명이 구원에 이르고, 또한 그 생명을 통하여 이 땅이 그리스도의 향기로 넘쳐나게 되기를 기도한다.

언젠가 그레이스도 '뿌리 찾기'를 고민할 것이다. (그레이스를 낳아 준 엄마도 내게는 소중한 가족의 일부이다. 그가 낳은 아기가 나와 가족이 되었기 때문이다.) 그날이 오면 나는 그레이스가 가지고 있는 가장 예쁜 드레스와 구두를 내어 주고 싶다. 낳아 준 엄마 앞에 꽃의 미소로 다가가 예수님께서 그레이스에게 베풀어 주셨던 그 사랑으로 그분을 용서하고 뜨겁게 안아드리기를, 그레이스의 선한 향기가 그분에게 복음으로 전해지기를 기도한다.

샬롬.

> 사람아 주께서 선한 것이 무엇임을 네게 보이셨나니 여호와께서 네게 구하시는 것은 오직 정의를 행하며 인자를 사랑하며 겸손하게 네 하나님과 함께 행하는 것이 아니냐 _미가 6:8